Religionsunterricht praktisch

Unterrichtsentwürfe und Arbeitshilfen für die Sekundarstufe I

9. Schuljahr

Herausgegeben
von Siegfried Macht

Erarbeitet von:

Hartlieb W. Bautor
Kerstin Dauer
Carsten Heinemann
Ilka Kirchhoff
Siegfried Macht
Lothar Teckemeyer

Vandenhoeck & Ruprecht

Die Deutsche Bibliothek – CIP-Einheitsaufnahme

Religionsunterricht praktisch. – Göttingen: Vandenhoeck und Ruprecht
ISBN 3-525-61354-7 (Schuljahr 7–10)

Schuljahr 9: Unterrichtsentwürfe und Arbeitshilfen für die Sekundarstufe I. /
Hrsg. von Siegfried Macht. Erarb. von: Hartlieb W. Bautor ... 1997
ISBN 3-525-61345-8

Satz: Text & Form, Pohle
Druck und Bindearbeiten: Hubert & Co., Göttingen

Inhalt

Vorwort

Religionsunterricht im 9. Schuljahr versammelt Jugendliche mit unterschiedlichsten Zukunftsperspektiven um Unterrichtende, die ihre Lerngruppe oftmals nur ein oder zwei Stunden in der Woche zu Gesicht bekommen. Die wünschenswerte Intensität individueller Wahrnehmung unterbleibt häufig nicht zuletzt wegen schwieriger Rahmenbedingungen.

Hinzu kommt der weitgehende Wegfall einer prägenden religiösen Sozialisation in Elternhaus und Kirche, der dem Religionsunterricht das Zurückgreifen auf Basiswissen und gelebte Formen christlichen Glaubens weitgehend entzieht.

Auch jenseits des Blicks auf Esoterik, Sektenboom und Okkultismus ist andererseits aber eher ein Anwachsen religiösen Interesses gerade auch unter Jugendlichen zu beobachten. Dennoch: Die „Patchworkreligion der Postmoderne" ist Privatsache und häufig kaum „kompatibel". Wenn die Jugendkultur sich findet, tut sie es häufig sprachlos, zeichenhaft, unter Stiftung neuer Rituale: Die Prozession der „Love-Parade" und die liturgisch anmutende Dramaturgie in vielen Techno-Discos zeugen von einem ungebrochenen Schrei nach gestalteter Gemeinschaft. Das Spiel mit Ekstase und Todesangst in immer neuen Varianten vom Bunjee-Jumping über das U-Bahn-Surfen bis zur Designer-Droge zeigt das Verlangen nach Überhöhung des Alltags, nach dem Erleben des Besonderen.

Angesichts solcher Beobachtungen muß gerade der Religionsunterricht als Anwalt des Numinosen bzw. des Menschen in all den Dingen, die ihn unbedingt betreffen, seine Konzeption immer wieder neu bedenken: Didaktische Innovationen und Renaissancen, wie ein „Lernen mit allen Sinnen", dürfen nicht nur der Grundschulpädagogik überlassen werden, sondern sind in beiden Sekundarstufen notwendiger denn je und gehören zum theologisch verantworteten Spezifikum des Faches: Die sensible und dankbare Wahrnehmung schöpfungsgeschenkter Sinnlichkeit (gerade eben auch durch eine entsprechende Unterrichtsplanung) ist die beste Prophylaxe gegen die Sucht nach übersinnlichem Thrill.

Der vorliegende Band will kein in sich abgeschlossenes Religionsbuch für die 9. Klasse sein; er ist aber auch mehr als eine eher zufällige Zusammenstellung von Unterrichtsideen. Wie die weiteren Bände von „ru praktisch" für die Sekundarstufe I bietet er die Unterrichtsideen in Form von Bausteinen zu den Kernthemen der Rahmenrichtlinien des evangelischen und katholischen Religionsunterrichts der verschiedenen Bundesländer an. Diese können als „Steinbruch" in unterschiedlichsten Kombinationen bzw. in Ergänzung zu den eingeführten Lehrwerken genutzt, aber auch als komplette Unterrichtseinheiten übernommen werden.

Die Autorinnen und Autoren haben sich vor der oben begründeten Forderung nach einem „ganzheitlichen Lernen" um originelle Unterrichtsideen bemüht und viele Kurztexte, Lieder, Bilder, Karikaturen und Spielanregungen erstmals für den Unterricht entdeckt bzw. selbst erarbeitet. Entstanden ist ein Buch mit Werkstattcharakter, das hoffentlich viele Kolleginnen und Kollegen in Realschulen, Hauptschulen, Gesamtschulen und Gymnasien, aber auch Pfarrerinnen und Pfarrer im Konfirmandenunterricht und Unterrichtende an Berufsschulen anregt zu einem inhaltlich anspruchsvollen und interessanten sowie methodisch vielfältigen Religionsunterricht.

In veränderter Besetzung arbeitet die Gruppe der Autorinnen und Autoren inzwischen an Band 10; geplant ist außerdem eine als Lernhilfe und Playback im Unterricht geeignete CD.

Hannover, im Sommer 1997 — Siegfried Macht

Abkürzungsverzeichnis

a.a.O.	am angegebenen Ort
AB	Arbeitsblatt
Anm.	Anmerkung
Apg	Apostelgeschichte
AT	Altes Testament
ATD	Altes Testament Deutsch
Bd.	Band
Dan	Daniel
ders.	derselbe
Dtn	Deuteronomium (5. Buch Mose)
EA	Einzelarbeit
EvErz	Zeitschrift „Der evangelische Erzieher“
EG	Evangelisches Gesangbuch
EKG	Evangelisches Kirchengesangbuch
Ex	Exodus (2. Buch Mose)
Ez	Ezechiel/Hesekiel
ezb	Evangelische Zentralbildkammer
f/ff	folgende Seite(n), Vers(e)
GA	Gruppenarbeit
Gal	Galaterbrief
Gen	Genesis (1. Buch Mose)
gr.	griechisch
HA	Hausaufgabe
Hes	Hesekiel/Ezechiel
Hg.	Herausgeber
hg.	herausgegeben
Hi	Hiob
Hos	Hosea
i.A.	in Auszug
Jes	Jesaja
Jh.	Jahrhundert
Joh	Johannes
Kap.	Kapitel
Kön	Buch der Könige
Kor	Korintherbrief
L.	der/die Lehrer/Lehrerin, Lehrer/Lehrerinnen
Lev	Leviticus (3. Buch Mose)
Lk	Lukas
M	Material
Mi	Micha
Mk	Markus
Mt	Matthäus
NT	Neues Testament
NTD	Neues Testament Deutsch
o.a.	oben angegeben
Offb	Offenbarung
OHP	Over-Head-Projektor
o.g.	oben genannt
o.J.	ohne Jahr(esangabe)
P.	Papyrus
par./parr.	Parallelstelle(n)
Ps	Psalm
Röm	Römerbrief
RL	Zeitschrift „Religion und Lebenskunde“
RPA	Religionspädagogische Arbeitshilfen
RU	Religionsunterricht
ru	Zeitschrift „Religionsunterricht“
S.	Seite
s.	siehe
Sam	Samuel
s.c.	scilicet = zu ergänzen
s.o.	siehe oben
Sch.	der/die Schüler/Schülerin, Schüler/Schülerinnen
s.u.	siehe unten
sw.	schwarz-weiß
Tb	Taschenbuch
Tim	Timotheus
TP	Tageslichtprojektor
u.a.	unter anderem/n
UE	Unterrichtseinheit
UG	Unterrichtsgespräch
V.	Vers
vgl.	vergleiche
Wdh.	Wiederholung
WT	Wandtafel
zit.	zitiert

1 Paulus

1. Theologische und didaktische Aspekte

Paulus, der Völkerapostel, ist eine der schillerndsten und umstrittensten Persönlichkeiten des Christentums. Schon der Titel „Apostel", den Paulus sich zugelegt hat, könnte auf Kritik stoßen. Als Apostel galten zunächst Männer (vielleicht auch Frauen), die Jesus während seines Lebens selbst ausgewählt und berufen hat, die von ihm vor seiner Himmelfahrt beauftragt wurden und Zeugen seines Lebens, Wirkens, Leidens und seiner Auferstehung waren. Paulus nimmt aber, unbestritten von den anderen Aposteln, diesen Titel an und begründet ihn durch sein Erlebnis auf dem Wege nach Damaskus.

Über Paulus, der wie kein anderer das christliche Denken geprägt hat, liegen uns Quellen in reichlicher Zahl vor. Paulus hat, anders als die Apostel um Jesus herum oder auch Jesus selber, seine Gedanken und Auslegungen in Briefen schriftlich niedergelegt, von denen jedoch nicht alle als Originalbriefe angesehen werden können, sondern z.T. als Briefe von Schülern gelten, die im Sinne und Stile des Apostels Paulus geschrieben haben.

Als echte Briefe kann man folgende Schriften, zeitlich geordnet, ansehen: 1. Thessalonicher, die Briefe an die Korinther, die Galater, die Philipper und den Brief an Philemon sowie an die Römer. Zu den nicht originalen Paulusbriefen zählen nach heutigen Untersuchungen die Briefe an Timotheus und Titus, die Kolosser, Epheser und der 2. Brief an die Thessalonicher.

Doch auch diese Briefe, die unter dem Namen Paulus verfaßt wurden, geben ebenso wie die originalen Briefe ein recht authentisches Bild von Paulus und seinem Anliegen.

Bei der Arbeit mit den Paulusbriefen muß beachtet werden, daß sie keine Selbstbiographie sind. So viel man auch über Paulus und seine menschlichen Bedingtheiten erfährt, die Person tritt hinter der Botschaft, die mitgeteilt werden soll, zurück. Auch muß darauf geachtet werden, daß man sich einer rein historischen Betrachtungsweise entzieht, denn die Briefe sind keine protokollartigen Texte, die Geschehnisse auf seinen Reisen wiedergeben, sondern sind entstanden auf dem Höhepunkt und fast schon gegen Ende der Wirkungszeit des Paulus.

Eine zweite große Quelle ist die Apostelgeschichte nach Lukas. Auch wenn wir in diesem Text äußerst genaue Beschreibungen von Ereignissen finden, muß man wissen, daß man sie keinesfalls mit den Ansprüchen heutiger Geschichtsschreibung vergleichen kann.

Die Apostelgeschichte, die mehr als vierzig Jahre nach den Paulusbriefen verfaßt worden ist, hat das Anliegen, die Botschaft des Christentums möglichst positiv zu verkünden. Vieles, was in den Paulusbriefen noch als Problem auftaucht, erscheint in der Apostelgeschichte schon geglättet und teilweise idealisiert. Zwar bewahrt die Apostelgeschichte das paulinische Erbe, aber der Leser wird auch beträchtliche theologische Differenzen erkennen (vgl. Apg 26,2f und Phil 3,5f). Sich mit Paulus auseinanderzusetzen, heißt also auch zu berücksichtigen, daß diese Auseinandersetzung schon recht früh nach Paulus einsetzte und sich in den Schriften niedergeschlagen hat.

Will man sich der paulinischen Theologie nähern, ist es nötig, sich über die rein geographischen und biographischen Aussagen hinaus in die, ihrer Lehrhaftigkeit wegen für Sch. in der Regel nicht sonderlich motivierenden, Briefe einzuarbeiten. Dabei wird deutlich werden, daß Paulus es verstand, die Menschen der damaligen Zeit in ihrer Lebenssituation anzusprechen. Auch in der Darstellung persönlicher Probleme und Schwierigkeiten mit seinem Glauben wirkt er zwar nicht immer verständlich, aber immer glaubhaft. Wenn es dem Leser der Briefe gelingt, die „fromme Staubschicht", die sich in den Jahrhunderten über die Paulusbriefe gelegt hat, zu entfernen, wird er auf einen Paulus stoßen, der eigenen Problemen und Schwierigkeiten des Lesers sehr nahe ist. Erkennt der Leser die Nähe, so wird er in den Paulusbriefen Ansätze zu eigenem Handeln und Glauben finden können. Ein Mann wie Paulus, suchend und von Zweifeln geplagt, ob sein Urteil richtig ist, seine Verkündigung wirklich die Gute Nachricht ist, ringend um die Wahrheit und um das Heil, kann auch in unserer Zeit, in der nach dem Sinn des Lebens und nach Aussagen des Glaubens gefragt wird, eine Orientierung bieten.

Wenn wir uns mit Paulus beschäftigen, ist es nötig, sich um die Herkunft und Tradition, in der dieser Mensch aufgewachsen ist, zu kümmern. Wie Jesus war er Jude und als Pharisäer tief in der Glaubenstradition des Judentums verhaftet, wenn auch in der Hinwendung zum hellenistischen Judentum, einem modernen, aber auch der Tradition verbundenen Judentum. Wenn wir die Texte des Kosmopoliten Paulus lesen, dürfen wir ihn in keinem Fall von seiner jüdischen Tradition und seinem jüdischen Glauben trennen. Paulus kann nur verstanden werden im Zusammenhang mit der hebräischen Bibel und mit seiner tiefen Verwurzelung im von Gott erwählten Volk der Israeliten, obwohl einige Textstellen in den Paulusbriefen andere Schlüsse zulassen könnten.

Das große Anliegen ist die Beziehung des allmächtigen Gottes zum gläubigen Menschen. Nicht die Ereignisse an sich interessieren ihn, sondern der Mensch, der von den Ereignissen dieser Beziehung betroffen ist. Hier treffen sich die Absichten des Paulus und die Sehnsüchte heutiger Menschen.

Wenn es gelingt, Paulus als den Suchenden, Zweifelnden und Hoffenden den Schülern zu vermitteln, wenn die Schüler in Paulus den um Wahrheit Ringenden, den Scheiternden und den mit Ängsten Beladenen erkennen, wird es ihnen möglich sein, Paulus auch die Ideen und Vorschläge für ein anderes Leben im Vertrauen auf Gott abzunehmen.

Beim Versuch, paulinische Theologie auf den Kern zu bringen und ihre Aufnahme bis zur Gegenwart zu reflektieren, ergeben sich zumindest zwei Stränge:

- Luthers Nachsinnen über „das Testament des Paulus" und seine Römerbrief-Vorlesung wird zum Beginn der Reformation und fußt auf der Wiederentdeckung des paulinischen Grundprinzips der Rechtfertigung vor Gott allein aus dem Glauben und der Gnade. Später ist es Karl Barth, der wiederum den Römerbrief hochhält, um einer Aufweichung des Glaubens entgegenzutreten.
- Im Katholizismus wird daneben insbesondere das durch Paulus geprägte Sakrament der Eucharistie betont, auch das Zölibat läßt sich von ihm am deutlichsten ableiten.

Eine Auseinandersetzung mit den gegen Paulus in der Gegenwart vorgebrachten Vorwürfen der Obrigkeitshörigkeit, des sprichwörtlichen „Moralapostolats" und der Frauenfeindlichkeit würde an dieser Stelle den Rahmen sprengen. Gleichwohl wäre ein, dem im Materialteil skizzierten Gerichtsspiel folgendes, Rollenspiel reizvoll, das Paulus vor das Gericht der öffentlichen Meinung unserer Tage zieht. Soviel zumindest sollte dabei nicht vergessen werden: Im Gegensatz zu den später schreibenden neutestamentlichen Autoren lebte Paulus noch in radikaler Naherwartung des wiederkommenden Christus, was eine Spiritualisierung „emanzipatorischer“ Impulse und das zumindest partielle Vernachlässigen gesellschaftlicher Komponenten verständlicher macht.

2. Intentionen

Die Sch. sollen

- Probleme beim Beurteilen von Menschen, die man kaum kennt (Beziehung Paulus – Jesus, Beziehung Paulus – Sch. erkennen,
- sich an den Menschen Paulus in seiner ganzen Spannung und scheinbaren Widersprüchlichkeit annähern,
- den Paulusbriefen und der Apostelgeschichte (Umgang mit neutestamentlichen Texten) in Reflexion und kreativen Gestaltungen begegnen,
- theologische Aussagen der Paulustexte in Bezug auf die Erfahrung der Sch. betrachten,
- den Gedanken der „Rechtfertigung“ als wirkungsgeschichtlich von weitreichender Bedeutung, als Kritik an gegenwärtigen Formen von Werk- bzw. Selbstgerechtigkeit und als Urgrund der christlichen Grundstimmung des Befreitseins erkennen.

3. Literatur zur Vorbereitung

- Bornkamm, Günther: Paulus. Kohlhammer, Stuttgart 1993⁷.
- Bultmann, Rudolf: Urchristentum. rowohlts deutsche enzyklopädie, 1965.
- Feneberg, Wolfgang: Paulus der Weltbürger. Kösel Verlag, München 1992.
- Grant, R.M.: Christen als Bürger im Römischen Reich. Vandenhoeck & Ruprecht, Göttingen 1981.
- Lapide, Pinchas: Paulus zwischen Damaskus und Qumran. Gütersloher Verlagshaus, Gütersloh 1993.
- Sanders, E.P.: Paulus. Eine Einführung. Reclam, Stuttgart 1995.
- Schelke, Karl Hermann: Paulus. Leben – Briefe – Theologie. Darmstadt 1988².

4. Unterrichtsideen/Verlaufsplanung

A. Einen Menschen entdecken

⇨ L. leitet den Unterricht durch einen visuellen Impuls ein und stellt den Sch. das *Bild „Paulus“ von Rembrandt* im Bildausschnitt vor (**M 1**), ohne den Titel des Bildes zu nennen. Die Sch. versuchen, den Menschen auf diesem Bild zu beurteilen, und notieren ihre Gedanken und Eindrücke. L. regt an, die persönlichen Eindrücke und Gedanken der Sch. in Gruppen zu besprechen. Die Gruppen halten gemeinsam erarbeitete Eindrücke fest. Sie kleben das Rembrandt-Bild auf ein Plakat und ordnen ihre Gedanken und Eindrücke dem Bild zu. Alle Gruppen stellen ihre Plakate aus. Ein Gespräch über die vorgestellte Person kann über eine Unterrichtsstunde hinaus fortgesetzt werden.

B. Der Fall „Paulus von Tarsus"

⇨ L. verteilt den *Steckbrief von Paulus von Tarsus* an die Sch. (**M 1**). Die Sch. äußern sich im freien Unterrichtsgespräch zu den Aussagen des Steckbriefs und vergleichen sie mit den eigenen Beurteilungen. L. informiert die Sch. über die fiktive Situation, die zu diesem Steckbrief geführt hat: L. regt an, ein Gerichtsspiel zu veranstalten, um mehr über Paulus herauszubekommen (*Rollenkarten mit Textverweisen* siehe **M 2**). Es werden benötigt: Paulus, Richter, Ankläger, Verteidiger und, wenn vom Gericht gefordert, die Zeugen.
Ziel der Gerichtsverhandlung soll es sein, daß sich die Sch. mit dem Leben und den Aussagen des Apostels beschäftigen. Angebracht wäre es vielleicht, auch im fächerübergreifenden Unterricht den Besuch einer Gerichtsverhandlung zu veranstalten. Nachdem die Sch. die Gerichtsverhandlung geplant und sich mit den Gegebenheiten vertraut gemacht haben, d.h., die „Zeugenaussagen" durchgearbeitet haben, soll die Gerichtsverhandlung gespielt werden. L. soll dabei die handelnden Personen in ihren Rollen und in ihrer Arbeit unterstützen. Dies gilt ganz besonders für den Richter.
Im Anschluß regt L. an, die Gerichtsverhandlung in einem offenen Unterrichtsgespräch zu überdenken. Die Sch. stellen ihre Positionen dar. Diese Präsentation kann in Form eines Protokolls oder einer Wandzeitung geschehen.

Der bisher strukturierte Ablauf baut auf den organischen Anschluß der Verhandlung an den diesbezüglichen Steckbrief, der wiederum wie eine Verfremdung auf den „harmlosen" und für die Klasse offenen Bildausschnitt als Einstiegsimpuls folgt. Unter der Gefahr, diese Einheit durch Dehnung fast zu zerreißen, ist es alternativ möglich, einen Großteil der folgenden Bausteine vor die Gerichtsverhandlung zu setzen, bzw. sie exkursartig (oder auch spielerisch durch weitere Zeugen, Sachverständige usw.) in diese einzubringen. Dies hätte den Vorteil, daß die im Gerichtsspiel relativ eigenständig arbeitenden Sch. bereits auf ein solides Grundwissen zurückgreifen könnten (siehe dazu z.B. die Zeittafel zur Biographie des Paulus in Limbeck, M.: Mit Paulus Christ sein, Stuttgart 1989).

C. Paulus auf dem Areopag

⇨ L. informiert über die Situation, in der Paulus auf dem Areopag war, und verteilt das Arbeitsblatt *Paulus in Athen* (**M 3**). L. ermuntert, sich Informationen zur Glaubens- und Götterwelt der Griechen zu besorgen (Bezug zum Fach Geschichte).
Die Sch. bearbeiten das Informationsmaterial, stellen die Glaubensaussagen des Paulus heraus und vergleichen sie mit den Glaubensaussagen der Griechen. Dies kann in gemeinsamer Gruppenarbeit, aber auch in freiem Unterrichtsgespräch geschehen.

D. Vom Saulus zum Paulus?

⇨ Falls im Kontext der Nachforschungen zum Gerichtsspiel das „Damaskus-Erlebnis" des Paulus (vgl. die drei Varianten Apg 9,1–25; 22,5–16 und 26,12–18) bereits zur Sprache gekommen ist, kann direkt mit dem Austeilen des Arbeitsblattes nach **M 4** fortgefahren werden. Ein vertiefendes Unterrichtsgespräch zur *Bekehrung des Paulus* ergibt sich dann aus der Ergebnisvorstellung von Frage 3.
Der das „S" im „P" enthaltene Schriftzug kann entweder als versteckte Lösungshilfe auf dem Arbeitsblatt belassen oder später als stummer Impuls auf dem OHP nachgereicht werden – ebenso kann ein wenig Zeit für seine Deutung eingeräumt werden: Beides liegt dicht beieinander, das eine schlummert im andern, eins ist im andern „aufgehoben" (im dialektisch doppeldeutigen Sinn hier die weitreichendste Interpretation: „Aufgehoben" hat auch das Evangelium das Gesetz!)

⇨ Falls noch nicht geschehen, müßte eine *Einführung in das Damaskus-Erlebnis* erfolgen, entweder als L.-Vortrag oder als Stillarbeit eine der o.g. Varianten lesend, evtl. mit Arbeitsaufträgen/Leitfragen wie:

1. Welches Erlebnis der anderen Apostel „holt Paulus hier nach“?
2. Welches Fest im Kirchenjahr könnte er quasi zu seinem eigenen Zeitpunkt feiern?
   Letztere Frage will Verständnis für ein Osterfest anbahnen, das weniger als historischer Fixpunkt denn als Auferstehungserfahrung im eigenen Leben gefeiert werden will.

E. Rechtfertigung

⇨ L. singt den kurzen Singspruch *Das meiste läßt sich verdienen* (**M 5a**) möglichst mit Gitarrenbegleitung o.ä. (Der Akkord „C-Dur“ reicht für die gesamte Melodie, Griffwechsel sind nicht nötig!)
Spontane Reaktionen abwarten: Die Lerngruppe wird mehr oder weniger diffus Zusammenhänge zum Thema herstellen ...

⇨ *Vertiefung* des Zusammenhangs: Austeilen des Arbeitsblattes **M 5b**, Bearbeitung der Arbeitsaufträge und Fragen 1–6.
Gemeinsames *Singen des Liedes*, evtl. im Kanon. (Weniger singbegeisterte Sch. können durch einfache Instrumentalbegleitungen einbezogen werden: Die oben bereits angesprochene einfach Harmonik erlaubt das Mitspielen von „C“ als Dreiklang oder sogar nur Grundton während des gesamten Ablaufs auf Gitarre, Keyboard, Stabspielen; im rhythmischen Bereich reicht ein abwechselnder Schlag auf eine tuchgedämpfte Pauke und einen Schellenkranz o.ä.).

⇨ Mögliche *Ausweitung*: Mehr oder weniger in Anlehnung an **M 6** die paulinische Rückschau auf das mosaische Gesetz mit dem Vokabular moderner Tiefenpsychologie betrachten.

⇨ Abschließend die paulinische Erkenntnis der Rechtfertigung allein aus dem Glauben als direkte Folge des Damaskus-Erlebnisses bzw. als nahezu mit diesem identisch herausstellen: Seine totale Kehrtwendung ist das eigentliche Wunder – was er gesehen und/oder gehört hat, verschmilzt (er) mit seiner theologischen Deutung. Jedes Auseinanderdividieren, sei es historisch-kritisch oder charismatisch/fundamentalistisch begründet, ist angesichts seiner eigenen Zusammenschau unangemessen.

F. Die Waffenrüstung Gottes

⇨ Abhören des Kanons *Rüstet euch – aber rüstet euch richtig!* von der CD „Noch lange nicht ausgedient. Neue Lieder für Schule und Gemeinde. Vol. II. Strube Verlag, München 1997“.

⇨ Austeilen von Arbeitsblatt **M 7**: Erarbeitung einer Tabelle, welche die Bestandteile der römischen *Waffenrüstung als Bild* für die Waffenrüstung im Sinne Gottes nutzt. Anbahnung folgender auf zahlreiche andere Äußerungen des Apostels übertragbarer Erkenntnis: Paulus ist natürlich ein Kind seiner Zeit, in Sprache und Denkkulisse von ihr geprägt. Dennoch setzt er, von der Botschaft des Evangeliums getrieben, immer wieder entscheidende Akzente gegen den Zeitgeist, nutzt ihn nur „als Mantel für die folgende Enthüllung“.

Vorschlag für ein ergebnissicherndes Tafelbild

<u>Paulus beschreibt die Rüstung Gottes:</u>

Gürtel	Wahrheit
Gepanzertes Kettenhemd	Gerechtigkeit
Stiefel	Frieden
Schild	Glauben
Helm	das Heil, das Ganze (etwas heilen = etwas ganz machen, vergleiche die Verwandtschaft mit dem englischen „whole“)
Schwert	Geist Gottes

G. Die Freiheit des Evangeliums

⇨ L.: „*Stellt euch vor*, es gäbe ein Land, dessen einziges Gesetz hieße: Jede und jeder darf tun, was immer sie oder er will! Würde das funktio-

nieren?" Sch. *phantasieren* ..., *erkennen* schnell, daß es Grenzen geben muß, weil die Freiheit des einen die des anderen einschränkt.
L.: „Jetzt stellt euch das andere Extrem vor: Ein Land, in dem es 40.000 Gesetze gibt, die alles regeln, was verboten ist ..."
Auch hier wird die Unübersichtlichkeit bald zu Ungerechtigkeiten, zu Spezialisten führen, die das Gesetz für andere auslegen, was neue Gefahren von Machtmißbrauch und neue Ungerechtigkeit beinhaltet. Ist das alles reine Utopie? Wie ist es heute? Wie war es im Judentum, bei den Griechen, bei den Römern? – Paulus kannte ja viele Rechtssysteme.

⇨ Ausgangsfrage für die folgende Betrachtung des Liedtextes bzw. von 1. Kor 3, 22 + 23: „Wie löst Paulus das Problem? Was empfiehlt er den Christen?" L.-Vortrag des Liedes *Alles ist euer* (s. **M 8**) oder Lesen des Bibelverses; Austeilen des Arbeitsblattes (**M 8**) und Weiterarbeit nach den dort notierten Arbeitsaufträgen in Einzel- oder Partnerarbeit, bzw. Nutzung als Leitfragen im gelenkten Unterrichtsgespräch.

H. Paulus als Gewerkschaftsboß?

⇨ Sobald ausreichend Informationen über die Theologie des Apostels Paulus sowie Grundkenntnisse über die Wiederaufnahme seiner Rechtfertigungslehre durch M. Luther vorhanden sind, kann jenseits von Zeit und Raum ein *fiktives Gespräch* nach **M 9** arrangiert werden.
Da in anderer Richtung solches Zusammentreffen auch Mängel in den Vorkenntnissen offenbaren kann und die Fiktion möglicherweise zur vertieften Auseinandersetzung erst motiviert, kann (insbesondere wenn Phasen, wie sie mit dem o.g. Gerichtsspiel beabsichtigt sind, noch nicht stattgefunden haben) ein solcher Baustein relativ weit nach vorn genommen und nach erfolgter Information wieder aufgegriffen werden.
Angedacht ist ohnehin keine umfassende Stellungnahme aller beteiligten Rollen, eher ein pointierter Schlagabtausch, der das (schon durch die unrealistische äußere Konstellation gegebene) Humorvolle und Fragmentarische dieser Begegnung zur Chance der Karikatur nutzt.
So reicht es völlig, wenn angesichts einer geschickten L.-Moderation,
- sich Luther und Paulus verbünden und auf dem der Woche vorangehenden Sonntag beharren,
- während der Arbeitgebervertreter getreu der Devise „Erst die Arbeit, dann's Vergnügen" Feiertag wie Feierabend (entgegen beider Tradition) als „durch Leistung zu verdienende" (!) herausstellt.

(Vergleiche dazu die Einheit „Freiheit – Geschenk oder Last?" in diesem Band.)
Neben der Feiertagsdebatte könnte der Blick auch auf die unterschiedliche Bezahlung von Arbeitern, Angestellten und Beamten fallen: Wann ist der richtige Zeitpunkt für die Bezahlung? Am Ende des Monats, wiederum: nach getaner Arbeit? Bei Gott sind wir alle Beamte: bekommen unseren Lohn, ehe wir etwas dafür getan haben ...

I. Briefe des Paulus – Briefe an Paulus

⇨ L. *informiert* die Sch. über die echten und unechten Briefe des Paulus und über das Zustandekommen der uns vorliegenden Briefe, die als Antworten auf nicht mehr vorhandene Fragen vorliegen.
⇨ Sch. *lesen* den Text 1. Kor 13 und äußern sich im freien Unterrichtsgespräch zu Inhalt und Aktualität des Briefes. Die Sch. sollen erfahren, daß die Paulus-Aussagen auch heute noch Gebrauchswert haben.
⇨ L. regt an, in der Klasse Gruppen zu bilden, die die *Glaubensfragen* an Paulus *erarbeiten*. Nach der Erarbeitungsphase werden die Fragen an eine andere Gruppe gegeben, diese soll versuchen, bei Paulus-Antworten zu finden. (Wegen der verständlicheren Sprache sollte die „Gute Nachricht, die Bibel im heutigen Deutsch" verwendet werden, wenn auch im Verhältnis zur Zürcher Bibel Übersetzungsschwächen vorliegen.) Anschließend werden

Fragen und Antworten in einem offenen Unterrichtsgespräch erörtert.

⇨ L. könnte die Sch. auch anregen, Fragen und Antworten in Form eines *Interviews* darzustellen und mit einem Kassettenrecorder festzuhalten. L. muß bei der Antwortsuche Hilfestellung leisten (evtl. Bibelkonkordanzen u.ä. bzw. Stichwortverzeichnisse in Bibeln selbst nutzen lassen).

⇨ *Alternative:*
Den auf **M 10** skizzierten Arbeitsschritten folgend vorgehen:
- Gedichtinterpretation *Hirtenbrief*,
- spielerischer *Austausch eigener Briefe* an und von Paulus,
- Rekonstruktion einiger der, den Antwortbriefen des Paulus zugrundeliegenden, Fragen.

J. Das Paulus-Quiz

⇨ Erarbeitung von *Quizfragen* (möglichst auch zur Theologie des Paulus und nicht nur zu Namen usw.) einzeln, in Partner- oder Gruppenarbeit (siehe **M 11a**).

⇨ Austausch der Fragestellungen im großen *Paulus-Quiz*.
(L. fertigt einige eigene Fragekarten an und sammelt gelungene der Lerngruppe: Nach zwei, drei Wiederholungen der Einheit in anderen Klassen entsteht nach und nach eine kleine auch in Freiarbeitsphasen nutzbare Quizkartensammlung, die um Fragen zu anderen Themenbereichen erweitert werden kann. Siehe Beispiele auf **M 11a**.)
Bezüglich der auf **M 11a** eingangs nachgefragten Episode (Apg 20,7–12: Paulus predigt und predigt, ein Jüngling schläft ein, fällt aus dem Fenster, scheint tot zu sein, wird von Paulus „wiederbelebt") ist über den (für Unbeteiligte!) fast humorvoll wirkenden Ablauf hinaus interessant, daß die mündliche Tradition bis zur Niederschrift die „belebende" Wirkung des Paulus seiner „belehrenden" vorzieht und der Versuchung widersteht, den, dem „Kirchenschlaf" verfallenen Jüngling nach dem Sturz „weiterschlafen/entschlafen" zu lassen, damit womöglich Paulus Gelegenheit für Warnungen findet wie „So wird es allen gehen, die meine Worte verschlafen".

⇨ Schon bei der Vorbereitung des Quiz können die Sch. darüber hinaus (durch die Beispiele **M 11b/c**) angeregt werden, *Wissenswertes über Paulus* in vielfältigsten Formen einander abzuverlangen:
- In Form von Scherzfragen wie „Was hat Paulus mit Freiarbeit zu tun?" Zur Beantwortung siehe 2. Thess 3, 6–12. (Vgl. **M 11b**)
- Durch humorvollen wortspielerischen Umgang mit bildhaften Formulierungen wie Kol 3, 12 + 14. (Vgl. **M 11c**)

5. Das Thema in Schulbüchern und Unterrichtsmaterialien

- Fabricius, Volker/Heller, Hans (Hg.): Das Leben suchen. Diesterweg, Frankfurt am Main 1989, S. 87–100.
- Hanisch, Helmut u.a. (Hg.): Kursbuch Religion. Neuausgabe 7/8. Calwer/Diesterweg, Stuttgart/Frankfurt am Main 1991, S. 84–95.
- Kluge, Jürgen (Hg.): Entdeckungen machen 2. Grundausgabe ab 7. Schuljahr. Cornelsen, Berlin 1993, S. 125–132.

6. Materialien und Medien

Texte und Bilder

- Die Bekehrung des Paulus, Farbholzschnitt von Thomas Zacharias, in: Bilder des Glaubens. 24 Farbholzschnitte zur Bibel vom Th. Zacharias. Kösel, München 1978.
- Fischer, Hartmut: Stundenblätter Paulus. Sekundarstufe I. Klett, Stuttgart/Dresden 1993. Dazu: Materialien Paulus.
- Kühne, Rudolf u.a.: Paulus – Apostel der Völker. Stationen 9. Materialien für den RU in der Sek. I. Evangel. Presse Verlag Pfalz, Speyer 1990.
- Paulus im Gefängnis. Walter Habdank, Kösel, München.
- Wein, Rudolf: Botschaft der Freiheit. Paulus, Apostel der Völker. Bibl. Arbeitsbuch. Heft 6. Kaufmann, Lahr 1976.

Folien

- Die Botschaft weiter sagen, Bildfolien für Schule und Gemeinde 2. Katechetisches Amt Heilsbronn.
- Kraft, Gerhard: Paulusfolien: Baumeister der Urkirche. Calig-Verlag, München 1983.
- Von Jerusalem bis Rom. Jünger Arbeitstransparente, Offenbach.

Quelle M 1:

Rembrandt Harmensz van Rign, Paulus im Gefängnis, 1627.

M 1

IM NAMEN DES KAISERS VON ROM

Römische Kommandantur Syrien / Palästina

Gesucht
PAULUS VON TARSUS

wegen unbelehrbaren Fanatikertums – bösartiger Unruhestiftung – vorsätzlichen Landfriedensbruchs – übler Nachrede – aufwieglerischer Volksverhetzung – Beschädigung privater und öffentlicher Einrichtungen – Landstreicherei – Mißachtung religiösen Brauchtums

Vorsicht!

Der Gesuchte ist bewaffnet – er kann lesen und schreiben!

M 2

Gerichtsspiel

Rollenspielkarten

Richter

Eure eigentliche Aufgabe beginnt erst in der Verhandlung. Ihr könnt euch aber gut vorbereiten, indem ihr die „Beweisaufnahme" schon vorher einseht und gründlich studiert: Laßt euch von Anklage und Verteidigung Schriftstücke, Zeugenaussagen usw. nennen, die im Laufe des Prozesses eine wesentliche Rolle spielen werden. Diskutiert sie in der Richtergruppe.

✂ -

Ankläger

Den folgenden Bibelstellen könnt ihr Anklagepunkte gegen Paulus entnehmen:
Apg 16,16–22;
Apg 17,6+7;
Apg 21,27–36.

Wenn die Verteidigung wissen will, wo all das geschehen ist, müßt ihr evtl. noch einige Zeilen vorher mitlesen.

Besprecht in der Gruppe, wer die Anklage vertritt und wer aus eurer Gruppe als Zeuge der Anklage (aus der Perspektive der biblischen Texte) auftreten soll. Im Verlauf der Verhandlung könnt ihr auch die Zeugen der Verteidigung befragen. Es werden zum Teil dieselben Personen sein, recherchiert also gut, damit es keine objektiv nachweisbaren Fehlaussagen gibt!

Führt wichtige Beweisstücke schon vor der Verhandlung dem Richter zu.

Es ist immer gut, etwas zu wissen, was die Gegenpartei nicht weiß: Wenn ihr noch Zeit habt, werft auch einmal einen Blick auf die hier nicht genannten Stellen in der zweiten Hälfte der Apostelgeschichte. Überfliegt einiges und lest euch fest, wenn ihr etwas für die Anklage Interessantes aufgespürt habt.

Paulus

Folgenden Stellen aus den Briefen des Apostels könnt ihr seine Selbstdarstellung entnehmen:
Phil 3,5–6;
Gal 1,15–19;
Apg 22,3–21.
Folgende Zeilen bringen das, was er den Menschen erzählte, in der Zusammenfassung eines späteren Autors (Lukas):
Apg 17,2–3.

Wer von euch spielt Paulus, wer Frauen oder Männer, die auf seiner Seite als Zeugen standen?

Sprecht euch mit der Gruppe ab, die eure Verteidigung übernimmt: Was wollt ihr vor Gericht sagen, welchen Part übernimmt die Verteidigung, was steuern die Zeugen bei?

Im Verlauf der Verhandlung könnt ihr auch die Zeugen der Anklage befragen: Es werden zum Teil dieselben Personen sein, recherchiert also gut, damit es keine objektiv nachweisbaren Fehlaussagen gibt!

Eure Rolle ist nicht einfach: Schließlich ist es Paulus, der über sich selbst am besten Bescheid wissen muß. Wenn ihr noch Zeit habt, werft also auch einmal einen Blick auf die hier nicht genannten Stellen in der zweiten Hälfte der Apostelgeschichte und auf hier nicht zitierte Passagen aus den Briefen. Überfliegt einiges und lest euch fest, wenn ihr etwas Interessantes aufgespürt habt: Lernt euch selbst kennen, gute Schauspieler recherchieren manchmal monate-, ja jahrelang, bis sie ihre Rolle richtig ausfüllen können.

✂ -

Verteidiger

Versucht, aus folgenden Bibeltexten herauszuarbeiten
- was Paulus sagte;
- was man ihm übelnahm;
- ob seine Gegner ihn richtig zitieren;
- wo seine Gegner eures Erachtens unangemessen reagieren bzw. fast zur Lynchjustiz greifen;
- mit welchem Hinweis man verhindern kann, daß Paulus vorschnell und ohne Gerichtsverhandlung verurteilt wird: Apg 17,1–9; Apg 21,27–36; Apg 22,22–29; Apg 22,30 – 23,3.

Wenn die Anklage Vorwürfe vorbringt, fragt stets nach, wo dies stattgefunden haben soll (laßt euch evtl. die Textstelle nennen), besprecht euch mit „Paulus“ – dann gebt eure Version wieder.

Führt wichtige Beweisstücke schon vor der Verhandlung dem Richter zu!

Es ist immer gut, etwas zu wissen, was die Gegenpartei nicht weiß: Wenn ihr noch Zeit habt, werft auch einmal einen Blick auf die hier nicht genannten Stellen in der zweiten Hälfte der Apostelgeschichte. Überfliegt einiges und lest euch fest, wenn ihr etwas für die Verteidigung Interessantes aufgespürt habt.

Zum Verlauf

Du kennst den Steckbrief über Paulus von Tarsus. Paulus ist gefangengenommen und verhört worden. Als römischer Bürger muß ein römisches Gericht über ihn Recht sprechen.

Damit der Richter ein gerechtes Urteil sprechen kann, muß er möglichst viel über eine Person erfahren. Dazu hört er nicht nur Fremde, sondern auch Gegner und neutrale Beobachter. Natürlich wird auch Paulus befragt. Eine solche Gerichtsverhandlung sollt ihr nachspielen.

Du brauchst einen Richter, einen Verteidiger, einen Ankläger, Zeugen und Paulus – na klar. Das Vernehmungsprotokoll ist die Grundlage der Verhandlung. Unabhängig voneinander können sich Richter, Verteidiger und Ankläger auch noch weiterführende Informationen über Paulus besorgen. Frage einmal deinen Lehrer danach.

Damit Paulus wirklich Gerechtigkeit widerfährt und das Gerichtsspiel richtig spannend wird, muß sich die Anwaltsgruppe, die Richtergruppe und die Verteidigergruppe gut vorbereiten und eine Strategie entwerfen. Haltet den Verlauf der Gerichtsverhandlung fest.

Zusatzinformationen:
Wenn du noch mehr Informationen über die Situation des Paulus benötigst, kannst du dich in den Texten der Apostelgeschichte des Lukas in den Kapiteln 24, 25 und 26 informieren.

M 3

Paulus in Athen: Der Glaube auf dem Prüfstand

Lies in der Apostelgeschichte 17 die Verse 16 bis 34.

1. Paulus wird hier als geschickter Redner vorgestellt: Er holt die Menschen da ab, wo sie stehen ... Erläutere, wie das gemeint ist, und gib die Textstelle(n) an, die das belegen.

2. Was könnte es bedeuten, daß im letzten Vers zwei Personen mit Namen genannt werden?

3a. Notiere stichwortartig (untereinander) die Glaubensaussagen von Paulus.

3b. Vergleiche sie mit dem Glauben der Griechen (Geschichtsbuch, Lexikon ...). Fertige dazu eine zweite Spalte an, so daß sich eine tabellarische Übersicht ergibt.

4. Die Griechen waren zwar allem Neuen gegenüber sehr aufgeschlossen, trotzdem war Paulus möglicherweise wegen Gotteslästerung von der Todesstrafe bedroht. Diese Situation ist schnell vergessen, wenn man ihn „so reden hört“ ...

Hast du dich auch schon einmal in einer brenzligen Situation zu irgend etwas oder irgendjemand bekennen müssen? (Bzw.: Gibt es jemand, für den du das tun würdest?)

M 4

Der Vers Apostelgeschichte 13,9 ist wie eine „Wasserscheide“ für die zwei Namen des Apostels: Vorher wird er ___________, nachher _____________ genannt.

Dafür gibt es zwei Erklärungen:

- Die eine besagt, daß der spätere („_________“) ganz einfach sein griechischer Name und der vorher gebrauchte („___________“) sein jüdischer sei.
- Die andere erklärt den zweiten als neuen Namen, den er durch seinen Sinneswandel bekommen hat: Er ist ein neuer Mensch geworden – also brauchte er auch einen neuen Namen.

1. Setze die beiden Namen an den richtigen Stellen ein.
2a. Welche der beiden Theorien ist deines Erachtens die historisch richtigere, welche bringt eine interessante Deutung?
2b. Es gibt eine Redewendung, die beide Namen nutzt. Kennst du sie?
3. Welches Erlebnis würde er, auf diesen Sinneswandel angesprochen, erzählt haben?

M 5a

Das meiste lässt sich verdienen

Kanon für 4 Stimmen

Text und Musik: Siegfried Macht

M 5b

Was macht einen Menschen vor Gott gerecht?

Immer wieder hat Paulus betont, daß man sich den „Zugang zu Gott" nicht verdienen kann, daß Gott sich selbst den Menschen geschenkt hat und der Glaube an Jesus Christus dazu befreit, all das (Gute) zu tun, das, als Forderung gestellt, nur die Über-Forderung deutlich macht.

1. Die Theologen nennen diese Gedanken „Rechtfertigungslehre". Versuche, den Begriff zu klären. (Beginne evtl. mit der Überlegung, wer sich wofür und wodurch rechtfertigt ...)
2. Lest im Römerbrief und im 3. Kapitel des Briefes an die Galater (in arbeitsteiliger Gruppenarbeit) und versucht, Belege für das oben Gesagte zu finden.
3. Lege dieses Blatt fort und versuche das, was du bisher über Paulus gelernt hast, noch einmal mit eigenen Worten wiederzugeben.
4. Viele Jahrhunderte später hat Martin Luther wieder Ähnliches betont. Was weißt du darüber?

5a. Lies den Liedtext: Was kann man sich „verdienen", was nicht?

5b. Was könnte mit „das Beste" gemeint sein?

6. Wo siehst du einen Zusammenhang mit der Rechtfertigungslehre von Paulus?

M 6

Paulus – der Tiefenpsychologe?

Lest Röm 7,8b–11.

Was Paulus hier beschreibt, ist wie ein innerer Kampf. Damit nimmt er die Sichtweise der (Tiefen-)Psychologie vorweg:

1. Nenne die drei „Beteiligten" in diesem inneren Kampf, und beschreibe sie mit eigenen Worten.
2. Ordne sie den drei „Instanzen" zu, die Psychoanalytiker für die Beschreibung solch innerer Kämpfe verwenden:

   Ich = ______________________

   Überich = ______________________

   Es = ______________________

3a. Diese Zuordnung ist nicht unproblematisch, weil sie aus biblischer Sicht eine Bewertung unterlegt, welche die Psychoanalyse gerade zu vermeiden sucht. Kannst du dir denken, welche Gefahr von „Schwarz-weiß-Malerei" gemeint ist?

3b. Andererseits: Welches Risiko birgt das gegenteilige Extrem, also eine Ablösung von jeglichem Wertmaßstab?

4. Weißt du, welche Lösung die Psychoanalyse vorschlägt? Und Paulus?

(Evtl. folgende Formulierungshilfen anbieten: *Gewissen, verinnerlichte Regeln, innere Stimme, mein Sollen, Egoismus, Trieb, Begierde, Aggression, inneres Chaos, Wünsche, Gefühle, mein Wollen, Selbstbewußtsein, Zentrum der Person, innere Mitte, mein Entscheiden.*)

M 7

Rüstet euch,
aber rüstet euch richtig:
Laßt euch den Bauch
von der Wahrheit schürn
und wählt als Panzer
Gerechtigkeit.
Steht mit dem Frieden
auf gutem Fuß.
Schildert den Glauben,
behütet das Ganze.
So führt ihr Beschwerde
in Gottes Geist
gegen die Herren,
die Herren der Welt.

S. Macht (nach Eph 6,10–17)

Als Lied in: Siegfried Macht, Noch lange nicht ausgedient. Neue Lieder für Schule und Gemeinde, Strube Verlag, München 1997.

Interfoto, München.

Die Waffenrüstung

Paulus schlägt eine im wahrsten Sinne des Wortes „merk-würdige" Rüstung vor. Wenn ihr genau hinschaut, könnt ihr erkennen, daß er alle wichtigen Bestandteile der Kleidung römischer Soldaten durchgeht. Listet sie in einer Tabelle auf, und stellt ihnen die von Paulus vorgeschlagenen „Kleidungsstücke" gegenüber.

Insgesamt sind sechs Vergleiche zu finden. Einige sind im Liedtext allerdings schwer zu finden, der Originaltext in der Bibel macht es euch etwas leichter. Schlagt nach im Brief des Paulus an die Epheser 6,10–17.

Die Waffenrüstung

... der Römer	... Gottes (wie Paulus sie sieht)
______________________	______________________
______________________	______________________
______________________	______________________

Paulinische Freiheit

M 8

Was Paulus unter „Freiheit“ versteht, sagt er im 1. Kor 3,22+23.

Alles ist euer

Kanon für 2 Stimmen

Text: 1. Korinther 3, 22+23
Musik: Siegfried Macht

Rechte beim Autor.

1. „Alles“, damit sind in erster Linie nicht irgendwelche Besitztümer gemeint, sondern Handlungen, Denkweisen ... Nenne einige mögliche konkrete Beispiele.
2. An welche Erzählung aus dem ersten Buch Mose erinnert dich diese Erlaubnis?
3. Wie lautete *da* die Einschränkung der Freiheit, wie *hier* bei Paulus?
4. Kann es Freiheit ganz ohne Einschränkung geben?
5. Wie verstehst und beurteilst du die von Paulus genannte Freiheit und ihre Einschränkung?

M 9

Paulus, Luther, Chef und Kumpel: Ein zeitloses Rollenspiel

Sammelt in arbeitsteiligen Gruppen Informationen und Argumente für folgendes Rollenspiel: Der Apostel Paulus, Martin Luther, ein Vertreter der Arbeitgeber und ein Vertreter der Arbeitnehmer treffen sich auf einer Tagung zum Thema „Feiertage – wann und welche?“.

Unter anderem geht es darum, endgültig festzulegen, ob die Arbeitswoche nun zwischen den Feiertagen liegt oder vor ihnen.

Aber es gibt auch noch andere wichtige Punkte: Kann man einen Feiertag streichen? Welchen? Oder sollte man einen neuen erfinden? Warum feiert man überhaupt, und was feiert man?

Vielleicht merkt ihr auch, daß noch ein oder mehrere Vertreter für eine faire Entscheidung in diesem Rollenspiel fehlen. Dann beschreibt ihre Rolle, und nehmt sie dazu.

Wie sähe wohl der Zeitungsbericht über dieses Treffen aus? (Ihr könnt ihn auch in mehrfacher Ausführung schreiben: Für die BILD-Zeitung, für das kirchliche Gemeinde-Blatt ... Welcher Reporter könnte noch dagewesen sein?)

M 10

Hirtenbrief

Weidet euch nicht
an den Schäfchen, die ihr
ins Trockene brachtet.

Was im Schafspelz lauert
sich in die Wolle zu kriegen
das friedet ein.

Das schwarze Schaf
laßt nicht
als Sündenbock dienen

und den Schäferhund
nicht aufpassen wie
einen Schießhund.

Aus: Siegfried Macht, Dein Name ist DuBistBeiMir, Kirchliche Verwaltungsstelle, 31547 Rehburg-Loccum, Rechte beim Autor.

1. Das Bild vom Hirten, der sich um seine Schafe kümmert, kommt in der Bibel häufiger vor. Kannst du einige Beispiele nennen?
   (Sonst lies nach: Der 23. Psalm und das Gleichnis vom verlorenen Schaf Lk 15,3–7 sind die bekanntesten Beispiele.)
   Auch das aus dem Lateinischen stammende Wort „Pastor“ bedeutet „Hirte“. Wie ist jeweils der Vergleich gemeint?
   Kannst du dir denken, warum sich viele Menschen heute nicht mit einem „Schaf“ vergleichen lassen wollen? Möchtest du es? Welche andere Benennung für die „Schafherde“ findest du angemessener?
   Hast du schon mal Schafe und einen Hirten gesehen? Kannst du dir vorstellen, was Hirte und Schaf füreinander waren (sind) und warum manche das Bild noch heute sehr reizvoll finden? (Hat dein neuer Begriff auch diese oder andere Vorzüge?)

2. Paulus war für viele Menschen ein solcher Hirte. So wie damals er, schreiben die Bischöfe noch heute „Hirtenbriefe“ an die Gläubigen, in denen sie zu bedrängenden Fragen und Problemen Stellung nehmen.
   Das nebenstehende Gedicht setzt viele Sprachspiele zum Bild des Hirten hintereinander, entdeckst du sämtliche Redewendungen? Was bedeuten sie in diesem Zusammenhang? Kannst du konkrete Beispiele nennen oder dir ausdenken?

3. Teilt euch in zwei Gruppen: Die A-Gruppe schreibt einen oder mehrere Briefe an Paulus. Berichtet darin von Sorgen und Problemen, die ihn interessieren müßten …
   Die B-Gruppe schreibt einen Hirtenbrief an … Ja, wem würde Paulus heute wohl schreiben, und was würde er raten?
   Anschließend könnt ihr die Briefe tauschen: Kann „Paulus“ den Brief von Gruppe A beantworten? Errät Gruppe A, wem und warum Paulus geschrieben hat, was genau ihm zu Ohren gekommen ist, worauf er mit seinem Schreiben reagiert hat?

4. Nehmt euch noch einmal einige Stellen in den Briefen von Paulus vor, und versucht genauso detektivisch herauszufinden, in welche Fragestellungen und Probleme hinein er damals geschrieben hat: Was war los bei den Leuten, denen er schrieb? Gibt es heute vergleichbare Situationen?

M 11a

Das Paulus-Quiz

Jeder von euch überlegt sich eine Quizfrage, schreibt sie auf eine Karteikarte o.ä., dann werden alle Karten eingesammelt und gemischt. Oder: Ihr erarbeitet Fragen in zwei Gruppen ...

Anschließend gibt es dann entsprechend verschiedene Möglichkeiten für das große Paulus-Quiz: Die jeweils andere Gruppe muß raten, ahnen, wissen, was ihr die andere „angezettelt" hat ... Oder einzelne werden als Paulusexperten befragt. Oder ...

Damit es keinen Streit über die Spielregeln gibt, müßt ihr vorher festlegen

- ob für die Lösung in die Bibel geguckt werden darf,
- ob es eine Zeitbegrenzung für die Antwort gibt,
- ob gepunktet wird, vielleicht differenziert: 1 Punkt bei Lösung mit Bibel, 2 Punkte bei Lösung ohne.

Fragt aber nicht (nur) Namen, Orte usw. ab – das wird schnell langweilig, ist oft nur sehr versteckt zu finden und letztendlich auch „totes Wissen" ...

Hier einige Beispiele:

Eines Tages, als Paulus predigte, zog er seine Rede hin bis Mitternacht. Das geschah im dritten Stock eines Hauses, und im Fenster saß ein junger Mann. Als Paulus nun redete und redete ...
(nach Apg 20,7–12)
Wie geht die Erzählung weiter? (Man kann die Antwort sogar in drei Teile teilen und entsprechend Punkte vergeben.)

Wo wohnt Gott?
In Christus. (Kol 2,9)

Im 1. Brief an Timotheus wird die Welt zum Jagdgebiet erklärt. Wonach soll der Christ jagen? (Zusatzfrage: Was soll er fliehen?)
Sechsfache Beute kann er machen, wer's nicht glaubt, lese nach: 1.Tim 6,10+11.

Wo sollen die Christen singen und spielen für Gott?
In ihren Herzen. (Eph 5,19)

Wohin wird ein Mensch Gottes am Ende des 3. Kapitels im 2. Brief an Timotheus geschickt?
Zu allem guten Werk! (2.Tim 3,17)

Wir wissen nicht, was Paulus von Lebertran hielt. Aber wir wissen, was er seinen Hörern zur Besserung eingegeben hat ...
... alle Schrift von Gott. (2.Tim 3,16)

In gewisser Weise war Paulus ein Feinschmecker (als „Kosmopolit" kannte er nicht nur die jüdische Küche, sondern war auch des öfteren „beim Griechen" und „beim Italiener"). Was empfiehlt er (verbrieft!) allezeit mit Salz zu würzen, und welche weitere Eigenschaft fordert er für die Zunge?
Eure Rede sei allezeit lieblich und mit Salz gewürzt. (Kol 4,6)

M 11b

Vielleicht führt das Aufsuchen paulinischer Weisheiten mit der kreativen Lupe ja auch zu solchen Erkenntnissen wie dem Auffinden von

Des Apostel Paulus Freiarbeits-Satzung

1. Wir gebieten euch aber, daß ihr euch entziehet von jedem Bruder, der da unordentlich wandelt und nicht nach der Satzung, die er von uns empfangen hat.
2. So jemand nicht will arbeiten, der soll auch nicht essen.
3. Denn wir hören, daß etliche unter euch wandeln unordentlich und arbeiten nichts, sondern treiben Vorwitz. Solche aber ermahnen wir, daß sie mit stillem Wesen arbeiten.

(nach 2.Thess 3,6–12)

M 11c

Des Apostel Paulus Kleiderordnung

War Paulus ein Jeansträger? Was hielt er von Schlips und Kragen? War er ein Anzug-Muffel?

All diese bedrängenden Fragen sind nun gelöst. Nach jahrelangen Recherchen ist es Prof. Dr. Histokrit Bibelex gelungen, im 3. Kapitel des Briefes an die Kolosser die fünf apostolischen Kleidungsstücke aufzuspüren, ja, selbst die unter Theologen heftig diskutierte Frage nach dem paulinischen Pullover endgültig zu beantworten ...
So ziehet nun an herzliches Erbarmen, Freundlichkeit, Demut, Sanftmut, Geduld. Über alles aber (als Pull-over also) ziehet an die Liebe. (Kol 3,12+14)

Im zweiten Teil seiner Nachforschungen ist es Prof. Bibelex gelungen, die von einem Paulusschüler vorgeschlagene Zusammenfassung solcher Kleidung quasi in einem Einteiler (den man sich wohl in Form eines geistlichen Over-alls vorstellen muß) und den Designer selbst zu entdekken.
Ziehet den neuen Menschen an, der nach Gott geschaffen ist. (Eph 4,24)

2 Die Zehn Gebote: Garanten der Freiheit

1. Theologische und didaktische Aspekte

Eine Unterrichtseinheit über die zehn Gebote (Ex 20,2–17 und Dtn 5,6–21) kann nicht abgelöst von der Exodus-Tradition Israels gesehen werden: Der Gott, der die Gebote gibt, ist der Gott, der befreit hat. Seine Weisungen sind Regeln für den Weg, auf dem die gewonnene Freiheit nicht wieder verspielt werden soll. Es sind Regeln für den Einzug in das Land, in dem Milch und Honig fließen, Regeln, damit Milch und Honig für alle weiterfließen. Es sind Worte dessen, der die Seinen „getragen hat wie auf Adlerflügeln" (Ex 19,4). Die Gesetzgebung auf dem Sinai ist Teil des in die Freiheit führenden Weges und Gabe des sich persönlich mit seinem Eigennamen (Jahwe) offenbarenden und rettenden Gottes (Ex 3,14). Den Dekalog (griechisch: Zehn Worte) abgelöst von diesen beiden Grundgegebenheiten als in sich ruhenden Normenkatalog zu verstehen, ist eine Reduktion (gegenläufig zur ja nicht zufälligen Verknüpfung beider Überlieferungen bis zur endgültigen „Pentateuch-Redaktion") und führt schlimmstenfalls zu seiner Darbietung als moralinsaurer „letzter Rettung" für die wertelose Gesellschaft, die solcher Imperative jedoch letzten Endes weniger bedarf als des sich aus dem Kontext erschließenden Zuspruches.

Historisch belegt ist die Herausführung semitischer Stämme, die als Fronarbeiter in Ägypten Dienst taten, und ihre Errettung vor nachsetzenden ägyptischen Truppen. Wenn auch in den drei ineinander verwobenen Quellen (J, E und P) unterschiedlich gewichtet, so steht im biblischen Text das rettende Handeln Gottes im Vordergrund: Das Siegeslied am Schilfmeer (Ex 15,1–19) ist nicht die überhebliche Freude über den Tod des Gegners, sondern Lob Gottes, der sich als stärker erwiesen hat als die menschenverachtende und materialstarke Kriegsmacht der Ägypter, die insbesondere auf deren Streitwagen zurückzuführen ist.

Weil dieses Lied Prototyp des Heilshandelns Gottes ist, erhält der in ihm verdichtete Exodus liturgische Funktion weit über das Lob der einen konkret geschichtlichen Tat hinaus. Die frühe Christenheit übernimmt den Gesang in die Liturgie der Osternacht (denn so wie Israel aus der Knechtschaft Ägyptens gerettet wurde, befreit die Taufe aus der „Knechtschaft der Sünde") und nach Offb 15,2–4 werden die Überwinder am „gläsernen" Meer das „Lied des Mose" sogar in der himmlischen Liturgie anstimmen.

Die vielen Speisungswunder während der Wüstenwanderung (Ex 15,22–17,16) betonen immer wieder, daß Israel alles, was es zum Leben braucht, von seinem Gott erhält – so münden sie folgerichtig in den Bundesschluß am Sinai und die Mitteilung der Zehn Gebote: Auch sie sind „Lebens-Not-wendig" und werden dem Volk von nun an regelmäßig im Gottesdienst und bei Festen als Bundesurkunde in Erinnerung gebracht werden.

Die Überlieferung von zwei steinernen Tafeln (Ex 32; 34; Dtn 9f) wird nur einmal (Dtn 5,22) direkt auf den Text Dtn 5,6–21 bezogen, im Kontext von Ex 20 fehlt sie völlig. So ist anzunehmen, daß die Rede von den zehn Worten und die von den zwei Tafeln unabhängig voneinander entstanden ist.

Jenseits des (im AT nirgends aufzufindenden) Konstruktes einer Verteilung der Zehn Worte auf die zwei Tafeln unterscheidet die Theologie in formaler Hinsicht zwischen der Jahwerede in Ex 20,2–6 und dem folgenden Sprechen von Jahwe in der dritten Person bzw. dessen Verboten. Gebräuchlich ist auch die unterscheidende Rede von „Gottesrecht“ und „Menschenrecht“ schützenden Geboten.

Beim Blick auf Textvarianten zwischen Ex 20 und Dtn 5 fällt neben kleineren, präzisierenden Ergänzungen in Dtn 5 nur die unterschiedliche Formulierung beim Sabbatgebot (Ex: „Gedenke“ – Dtn: „Beachte“) auf. Während die Begründung des Sabbatgebotes in Ex 20,11 aus Gen 2,2f abgeleitet wird, ergänzt Dtn 5,15 die Erinnerung an die Knechtschaft in Ägypten und begründet damit (moderne Sozialgesetzgebung vorwegnehmend) den Ruhetag auch für die Mägde und Knechte (Dtn 5,14).

Für den ursprünglichen Bedeutungszusammenhang der nicht immer einheitlich gezählten Gebote läßt sich festhalten:

- Im *ersten Gebot* begegnen sich das Verbot, andere Götter zu verehren und das Verbot, Jahwe abzubilden. Letzteres will vermeiden, daß Gott mit dem Bild, das der Mensch sich von ihm gemacht hat (!), verwechselt wird oder der Gläubige meint, mit der Verfügbarkeit über das Bild gehe auch eine Verfügbarkeit Gottes einher.
  Die mit dem ersten Gebot nur scheinbar verschmelzende Selbstvorstellung Jahwes in der Präambel Ex 20,2 bindet den Dekalog im Konzept der deuteronomistischen Schule an die Offenbarung am Sinai, nachdem er schon vorher eigenständig tradiert wurde (als Einheit nach langer Vorgeschichte etwa seit dem 7. Jh. v. Chr.).
  Im Festhalten an der Verankerung aller Gebote im ersten und dessen Verankerung in der Vorrede Jahwes als des Befreienden wird der Dekalog als gleichermaßen Gabe wie Aufgabe gedeutet.
- Das *zweite Gebot* wendet sich gegen den Mißbrauch des Gottesnamens in Fluch und Magie, im (Mein-)Eid und zur „kommerziellen Segnung“ und ist angesichts der nach wie vor lebendigen zahlreichen Spielarten des Okkulten und der Werbung unter Nutzung religiöser Motive und Sehnsüchte aktueller denn je.
- Das *dritte Gebot* verortet die Wohnung Gottes auch in der Zeit und enthebt den siebten Tag vom allzu menschlichen Nutzungsprinzip: Nicht nur, daß auch dem Sklaven hier Erholung von höchster Instanz zugesprochen wird, ist bemerkenswert, ganz allgemein wird hier der erste Pfeiler einer Kette eingeschlagen, die deutlich macht, daß im Zentrum nicht des Menschen (Ver-)Dienst und, was diesem nutzt, steht. Damit ist der Sabbat der Tag, an dem das Kraut nicht „Unkraut“ heißt (weil die Schöpfung sich menschlicher Verzweckung entzieht) und die Christenheit die Rechtfertigungslehre bis ins Judentum zurückverfolgen darf.
- Für das *vierte Gebot* sei aus Gründen der Warnung vor didaktischem Mißbrauch betont, daß vor allem Erwachsene im (heute würden wir sagen) „Karriere-Alter“ angesprochen sind, welche die Erfahrung der Alten gering und ihre Belastung durch den vollwertigen Verbleib in der Familie immens ansetzen. Zugespitzt: Das vierte Gebot gehört nicht in den Religionsunterricht, sondern über die Tür der Altenheime, wenn Erwachsene sich ihrer alternden Eltern entledigen wollen.
- Das *fünfte Gebot* war auch ein Meilenstein zur Eindämmung der Blutrache: Wie das ja ebenfalls auf Deeskalation bedachte „Auge und Auge, Zahn um Zahn“ (Ex 21,24) wird die Ausgewogenheit der Vergeltung in den Blick genommen und der Weg zum Entschulden durch Sachgüter (Ex 21,30f) geebnet. Daß Gott die Todesstrafe selbst für den Mörder

nicht gutheißt, ist die auch in der Erzählung von Kain und Abel verdichtete Erfahrung Israels: Gott setzt auf den Brudermörder das Kainszeichen nicht als Stigma, sondern als Schutzmal (vgl. Gen 4,13–15).

- Der alttestamentliche Kontext des *sechsten Gebotes* zeigt eine Sexualmoral, die weit weniger rigide ist, als angesichts kirchlicher Wirkungsgeschichte vielfach angenommen wird. Man vergleiche z.B. den fließenden Übergang von der Polygamie zur Monogamie und so den Abraham möglichen Gang zur Magd als Nebenfrau, als die Stammhalterschaft durch Unfruchtbarkeit der Gattin bedroht schien (vgl. Gen 16, siehe dort aber auch die aus der „Erlaubnis zum Seitensprung“ erwachsenen Konflikte!).
  Neben einem Appell an die moralische Integrität der Partner ist die Auswirkung der vom sechsten Gebot gewollten „geordneten Verhältnisse“ also vor allem auch angesichts der sonst betroffenen (nicht abgesicherten) Kinder in den Blick zu nehmen. Im oben zitierten Zusammenhang der Abrahamsgeschichten ist es schließlich Ismael, der quasi „uneheliche“ Sohn, wegen dessen Unversorgtheit die Mutter mit ihm sterben will, dessen Rufen aber zu Gottes rettendem Eingreifen führt (Gen 21,14–21).
- Das „Begehren“ der letzten beiden Gebote meint im Alten Testament auch die versuchte Aneignung.

Für die didaktische Frage nach der Stellung der Einheit im Rahmen des Religionsunterrichtes und ihrer zu wählenden Textfassung ergeben sich interessante Einblicke aus der Geschichte:

Die Zehn Gebote als Grundlage und Anfänge christlicher Ethik finden sich in Luthers Katechismen als erstes Hauptstück, während sie im reformierten Heidelberger Katechismus und im Catechismus Romanus den Ausführungen zum Glauben nachgeordnet sind. Daß die Ethik als des Menschen Antwort auf das in der Dogmatik überdachte Heilsangebot Gottes gesehen wird, ist dabei allerdings durchaus im Sinne Luthers, der an einer Umstellung des chronologisch gedachten „Gesetz und Evangelium“ in ein christologisch akzentuiertes „Evangelium und Gesetz“ wohl kaum etwas auszusetzen hätte.

Da Luther die Gültigkeit des Dekalogs für alle Menschen betont, löscht er sämtliche auf Israel weisende geschichtlichen Zusammenhänge. Damit verliert er allerdings den befreienden Kontext und gibt den Geboten so jenen Lehrsatzcharakter, der ihnen „katechismusartig“ noch heute anhaftet.

Andererseits führte die Aufnahme des geschichtlichen Kontextes insbesondere bei Calvin zu einer Allegorisierung des National-Jüdischen (Knechtschaft Ägyptens als Knechtschaft der Sünde) in der Reformierten Kirche.

Für die gegenwärtige Didaktik ließe sich daraus lernen, daß Allgemeingültiges (Mosaisches Gesetz, Dekalog) stets neu in die konkrete Situation hinein zu übertragen ist, wie es schon die alttestamentlichen Propheten taten – so daß Lk 16,29 die Zweiheit betont: „Sie haben Mose und die Propheten“.

Angesichts der Eigendynamik einer an der Selbstoffenbarung Gottes hängenden Reihe von Zu- und Anspruch bleibt zudem festzuhalten, daß angemessener religionspädagogischer Umgang mit ihr sich möglichen Verzweckungstendenzen der Gesellschaft (für „Recht und Ordnung“) zu entziehen bzw. solche ideologiekritisch zu hinterfragen hat („Wessen Recht und welche Ordnung?“).

2. Intentionen

Die Sch. sollen die Zehn Gebote entdecken als
- Manifestation gewonnener Erfahrungen mit dem Gott, der tragender Grund des Menschen in all seinen Beziehungen ist, und daran anknüpfend als
- Wegweiser zum immerwährenden Aufbruch in die Freiheit,
- Versprechen einer besseren Gesellschaft (angesichts ägyptischer und anderer Ausbeutung und Unterdrückung),
- Angebot zu halten, wovon man selbst gehalten werden will.

3. Literatur zur Vorbereitung

- Albertz, Heinrich (Hg.): Die Zehn Gebote. Eine Reihe mit Gedanken und Texten. 12 Bände. Radius Verlag, Stuttgart 1985–1989.
- Albertz, Rainer: Religionsgeschichte Israels in alttestamentlicher Zeit. Band 1: Von den Anfängen bis zum Ende der Königszeit. Vandenhoeck & Ruprecht, Göttingen 1992.
- Donner, Herbert: Geschichte des Volkes Israel und seiner Nachbarn in Grundzügen. Teil 1: Von den Anfängen bis zur Staatenbildungszeit. Vandenhoeck & Ruprecht, Göttingen 1984, Nachdruck 1993.
- Löhr, Gebhard: Gott – Gebote – Ideale. Analytische Philosophie und theologische Ethik. Vandenhoeck & Ruprecht, Göttingen 1991.
- Westermann, Claus: Theologie des Alten Testaments in Grundzügen. Vandenhoeck & Ruprecht, Göttingen 1985[2].

4. Unterrichtsideen/Verlaufsplanung

A. Gott hat befreit

⇨ Erinnerung an den Auszug aus Ägypten, z.B. durch Singen des Spirituals *When Israel was in Egypts Land* (u.a. in: Gottes Geist bewegt die Erde. Bonifatius Verlag, Paderborn 1991).
Je nach Vorwissen der Sch. wird deren Erzählung mehr oder weniger durch den L. ergänzt; sobald die Sprache auf das „Schilfmeer" kommt, wird unterbrochen.
L. schaltet OHP ein: Der Wortblock *Schilfmeer* (**M 1**, Folien a und b in Overlay-Technik übereinandergelegt) visualisiert das scheinbar undurchdringbare Hindernis. Was Israel aber im Folgenden erlebt, muß es als Wunder begreifen: Das Volk findet nach der Anrufung seines Gottes (Folie 1b unter 1a legen) einen Weg durch das Meer, in dem die nachsetzenden Verfolger ertrinken: Das „Schilfmeer" ist zum „Hilfmeer" geworden, der Weg ist frei, die Karawane der Geretteten sichtbar. Die Verblüffung des Sprachspiels versucht, den Schülern die Verblüffung Israels näherzubringen ... Auch theologisch ist ein solches Spielen mit der Sprache gerechtfertigt, da sich in der Benennung der Israel bzw. seinen Nachbarn heiligen Stätten oft die ihnen zugeschriebenen Geschichten spiegeln.

⇨ Gemeinsames *Singen des Mirjamliedes* (**M 2**) als einem der ältesten überlieferten Bausteine des Alten Testaments:
- Läßt sich „Jahwe" (im Sinne Luthers über Israel hinaus generalisierend) verlustlos mit „Gott" („dem Höchsten" o.ä.) übersetzen?
  Nein, denn „Jahwe" ist der Eigenname Got-

tes, dessen Bedeutung („Ich bin für euch da" u.ä.) Israel gerade hier erfahren hat. Ein Singen im Sinne Israels müßte zudem lauten „Singet *ihm* ...", da der fromme Jude den Namen Gottes nicht ausspricht.

- Ist Israels Jubel über den Tod der Feinde „besingenswert"?
  Bejubelt wird nicht der Tod der Feinde, sondern daß Gott stärker ist als die Kriegskarosserie. Daher steht Gott allein der Ruhm zu, und auch nicht Mose oder einem anderen „Gottesmann", so daß das Lied bezeichnenderweise von einer Frau angestimmt wird (Ex 15,20–21) – was allerdings ebenso bezeichnenderweise nicht ohne Widerspruch bleibt, so daß an anderer Stelle (Ex 15,1) der Lobgesang dann doch Mose zugeschrieben wird (der bei genauem Blick auf die Wortwahl allerdings mit den Kindern Israel *zusammen* singt, was Mirjam *allein* vorsang).

Im übrigen fasten noch heute die jüdischen Jungen am Vorabend der Erinnerungsfeier an den Exodus, um so ihr Mitleiden mit all dem Leid zum Ausdruck zu bringen, das in den Zehn Plagen, insbesondere durch den Tod der Erstgeburt, über Ägypten hereinbrach.
Auch wenn der Engel Gottes an Israel vorbeigeht (Ex 12,13), so weiß es sich doch stets gebunden und gezeichnet, was sich in anderem Kontext auch in der Erzählung von der Bindung (fälschlich „Opferung") Isaaks ausdrückt (Gen 22) und zum Symbol des jüdischen Leidens bis zum Holocaust geworden ist.
Evtl. entsprechende Um-Dichtung des Mirjamliedes: Wenn auch unter Verlust des Stabreimes „Roß und Reiter" sind Formulierungen wie „all die Streitmacht" oder „was auf Krieg sann" inhaltlich angemessener.

⇨ Sichernde *Wiederholung der Ausgangserzählung* in Vierer-Gruppen: Jede Gruppe schreibt den Wortblock (**M 1** wie a und b übereinander) auf Rechenpapier (1 Kästchen pro Buchstabe). Jetzt muß in der Gruppe so erzählt werden, daß reihum je ein Satz gesagt wird. Pro Satz wird Buchstabe nach Buchstabe im Schilfmeer gestrichen bzw. ausradiert und daruntergesetzt. (Entspricht dem Herauslösen von Folie b aus dem ganzen). Es muß so erzählt werden, daß mit acht Sätzen, den acht Buchstaben („HILFMEER") entsprechend, alles Wesentliche gesagt ist und in zwei Durchgängen jede(r) insgesamt 2 Sätze beigesteuert hat.

⇨ Evtl. *Wiederholung und Vertiefung des Liedes* mit weiblich besetztem Drum-Set: „Mirjam & Co" von der „Hebrew-Revival-Band". In einfach instrumentierenden Verhältnissen wird das Bumm-Tschack von Bass-Drum und Snare-Drum ersetzt durch Pauke (ein Tuch übers Fell legen!) und Claves (Klanghölzer richtig halten: einen Klangstab auf die Fingerkuppen der hohlen linken Hand legen – sonst knallt's nicht!).

B. Weg und Wüste: Gebote als Wegweisung

⇨ Kleine *Imaginationsübung* oder Phantasiereise in die Wüste: Plötzlich findest du dich fernab jeder menschlichen Siedlung und mutterseelenallein auf heißem Wüstensand wieder, Sand und nichts als Sand soweit das Auge reicht ... Was wünschst du dir? Was wäre nun das Not-Wendigste? Schreib es auf. Antworten nicht abfragen. Stattdessen Blicke auf **M 3** und **4**, mit der Bitte, sich den dort durch Zeichnungen angedeuteten Antworten zuzuordnen und die Wahl zu begründen: Weg oder Wasser – was hilft weiter?

⇨ Vertiefung:
- Bildbetrachtung (**M 3**) *Brunnen in der Wüste* (Wasser): Woraus besteht hier die Wüste? Was ist für dich Wüste (wüst)? Paßt dieser Brunnen in diese Wüste? Erlebe ich die Bibel (die 10 Gebote) auch als solch einen „altmodischen" Brunnen? Hat er dennoch Wasser? Oder fehlt ihm der Trinkeimer? Würde ich beim Versuch, daraus zu trinken, in die Tiefe stürzen? Hat das Bild „eine Perspektive"? Was für eine? Ist das (m)ein Weg? Wohin führt er?

- **M 4:** Zeichnung und Senryu (Dreizeiler in japanischer Versform) *Schnecke* (Weg): Was verbindet Zeichnung und Text? Inwiefern ist die Schnecke hier von doppelter Zeichenhaftigkeit? Wer ist das „ich" des Textes und wer wird angesprochen? Wo finden wir beide in der Exodus-Erzählung wieder? (Das ungeduldige Volk begibt sich auf den todbringenden Weg, kreisend um das goldene Kalb, weil ihm Mose zu lange auf dem Berg bleibt.) Gibt es Situationen, in denen das Wort der Schnecke auch mir gelten könnte?
- Evtl. Exkurs: Das Labyrinth des Schneckenhauses ist nicht das Labyrinth der vielen Irrwege (die durch zahllose Öffnungen in den Zwischenwänden entstehen). Das Schneckenlabyrinth führt in die „Mitte" und den, der zur „Umkehr" bereit ist, auf demselben Weg auch wieder hinaus in die „Freiheit". (Schon die mittelalterliche Christenheit sah deswegen in der Umkehrspirale den idealen Tanzweg für Prozessionen am Ostermorgen.)

⇨ Zusammenführung: Gott gibt beides, Wasser und Wegweisung, Manna und Gebote. (Die Gebote als Weisung, damit der Weg weiter in die Freiheit führt.) Lied *Der die Freiheit gab* (**M 5**). (Vgl. auch das israelische Lied „Mayim", die singbar unterlegte deutsche Übersetzung „Ihr werdet Quellen finden" und den korrespondierenden israelischen Tanz im Liederbuch „Gottes Geist bewegt die Erde", Bonifatius-Verlag, Paderborn 1994).

C. Die Gebote als Versprechen

⇨ Austeilen des Arbeitsblattes (**M 6**), Vergleich mit dem (bzw. den) alttestamentlichen Originalen oder der Fassung in Luthers kleinem Katechismus (nachzulesen auch im Ev. Gesangbuch). Bearbeiten der weiteren Arbeitsaufträge und Leitfragen.
Ergebnis: *Die Zehn Versprechen* zeigen die zweite, oft vergessene Hälfte der „Zehn Gebote" – all dies Gute wird dir widerfahren, wenn du dich hältst an den, der dich hält.
Exkurs: Insofern lassen sich zumindest die das zwischenmenschliche Miteinander regelnden Gebote als Vorwegnahme der „Goldenen Regel" (Mt 7,12) lesen, die ja nicht erst auf Jesus zurückgeht, sondern zu seiner Zeit bereits so etwas war wie der ethische Konsens der antiken Kulturen im Mittelmeerraum.
Vgl. dazu den (mit der sprichwörtlichen Fassung der Goldenen Regel identischen) Kanon „Was du nicht willst, das man dir tu, das füg auch keinem andern zu", in: Geben, nehmen, teilen können. Klingelbeutel 4. Liederheft und CD. AOL Verlag, Waldstr. 17–18, 77837 Lichtenau.

D. Die Gebote als Diener

⇨ Zum 1. Gebot:
Auflage der Karikatur *nicht andre Götter neben mir* (**M 7**) in zwei Schritten (mit Abdeckblatt oder auf zwei Folien verteilt, den beiden Bild-Szenen entsprechend) auf den OHP: Wie lauten die Titel unserer „Bibeln"? Was steht bei uns obenan? (Es geht nicht um „Miesmachen", wohl aber um „Bewußtmachen".) Gespräch über Luthers Definition „Woran du dein Herz hängst, das ist dein Gott". Deutlich machen, daß damit manche(r), an den/die ich mein Herz hänge, überfordert wird: Dem andern ein Gott zu sein, ist eine ungesunde Basis jeder Beziehung. Evtl. Bezeichnungen sammeln wie „jemand abgöttisch lieben, jemandem hörig sein ...".
Evtl. Anfertigung einer *Collage*: Verschiedenste Menschen aus Illustrierten ausschneiden ... Um welche Mitte, um welches „goldene Kalb" lassen wir sie tanzen? Worum tanzen wir? (Worauf „stehen", „fliegen" wir ..., was setzt uns in Bewegung ...?)

⇨ Zum 3. Gebot:
Abhören der Kanoneinspielung *Öfter als wir den Feiertag gehalten haben ...* von der Musikkassette „Wenn die Nacht noch dunkel ist" (Leu-Verlag, Bergisch-Gladbach). Niederschrift des Zweizeilers aus dem Gedächtnis: Worin besteht der „Kick" des Textes? Evtl. Rückkoppelung des Ergebnisses an bisherige

Sequenzen (vgl. insbesondere „Die Zehn Versprechen"):
Nicht „Du mußt halten ...", sondern „Du wirst gehalten" ist die „Grund-Haltung" des Gebote gebenden Gottes. Der „Halt!" rufende Gott ist der haltgebende Gott. Daß er uns hält, müßte unsere Haltung beeinflussen ... Abschließend evtl. gemeinsames Singen des Liedes/Kanons, Liedfassung mit Noten siehe Kapitel 5, **M 2** (in diesem Band).

⇨ Zum 5. Gebot:
Bildbetrachtung *Du sollst nicht töten* (**M 8**):
Im Stil der lutherischen Katechismus-Anfügungen hängt die Zeichnung dem fünften Gebot die „Was-ist-das-Frage" an. Für den Geistlichen scheint die Sache klar zu sein. Der Soldat aber reagiert verunsichert: Gibt es zweierlei Gebote? Eines für den Krieg und eines für den Frieden? Und welches von beiden ist der „Ernstfall"?

⇨ Evtl. Exkurs: Gibt es Ausnahmen von den Geboten? Welcher Maßstab entscheidet darüber (s.u.)? Das Spektrum möglicher Diskussionspunkte ist weit, z.B.: Sterbehilfe, Schwangerschaftsabbruch ...
In Bezug auf andere Gebote: Notlüge (und: aus Liebe lügen ...); Jesus verletzt das Sabbatgebot. Hier kündet sich der Maßstab an: Das Gebot soll dem Menschen dienen!

E. Die Gebote als Glückwunsch

⇨ Auflegen des (vom Autobahnrand her bekannten) Posters der Verkehrswacht *Alles Gu(r)te!* als Folienkopie (**M 9**) auf dem OHP. Zuerst keine weiteren Anmerkungen, sondern das Ganze als stummen Impuls wirken lassen. Nur bei andauernder Zurückhaltung der Klasse nachfragen: Wer kann die Doppeldeutigkeit des Wortspiels erklären? Was hat das Ganze mit unserer Unterrichtseinheit über die Zehn Gebote zu tun?
Wenn zu vordergründig gedacht wird (Verkehrserziehung, ebenfalls Regelsystem, ohne Gurte: fahrlässige Tötung ...), die allgemeine Übertragung anbahnen:
„Wenn ich einen Sonderdruck der 10 Gebote herausgeben würde, könnte ich mir das als Titelseite für *alle* Gebote vorstellen ..."
Fazit: Die Verkehrswacht hat in ihrem Wortspielposter auf ideale Weise die Verschränkung von Gebot und Zuspruch vor Augen geführt, die auch für die „Zehn Gebote" gilt: Auch wer die „Gurte Gottes" anlegt, wird „alles Gute" davon haben: Beachtenswert die Parallele zu den jüdischen Gebetsriemen, die der Gläubige wirklich anlegt und zum Religionsbegriff („re-ligio": Rückbindung!).

F. Die 10 Gebote als „Tanzbeschreibung"

⇨ Der Weg, den die Gebote weisen, ist kein Weg der Lustlosigkeit. Gottes Gebote sind nach jüdischem Verständnis süßer als Honig, der Schritt Davids vor der Bundeslade ist ein Tanz. Denen, die Gottes Gebote (die sich in der Liebe zu Gott und dem Nächsten zusammenfassen lassen) halten, gilt die Verheißung des Kanontextes nach Ri 5,31b: Sie werden sein wie die Sonne.
Gemeinsame *Erarbeitung des Tanzes* nach der Beschreibung zum Lied *Herr, die dich lieben* (**M 10**): Der Raumweg des Tanzes zeichnet das Bild einer Sonne nach. Jede Tanzeinheit besteht aus 10 Schritten: Wer alle diese Schritte tut (die 10 Gebote hält), für den ist das Leben wie ein Tanz zum Lobe Gottes, er wird „gehalten werden", „nicht die Fassung verlieren" (beides ist im Tanz „leibhaftig" erfahrbar) und dem Bild der Sonne gleichen ...

G. Gebote als Bausteine und Hüter der neuen Welt

⇨ Ausgabe des Arbeitsblattes **M 11**. Einbettung in eine kleine Geschichte bzw. in den Kontext eines Märchens: Dies ist das *Grundgesetz vom „Wortland"*, möchtest du dort wohnen? Wie lauten die Regeln, wenn man sie auf die menschliche Gesellschaft überträgt? (Benutze ein Wörterbuch bzw. eine Grammatik und/oder besprich dich mit deinem Nachbarn, wenn dir einige Begriffe nicht geläufig sind.)

Welche Regeln haben Entsprechungen unter den Zehn Geboten?
Vergleiche evtl. tabellarisch auflisten, z.B.:

Verfremdung	10 Gebote	Inhalt
§ 1	Gebote 7, 9, 10	Nicht stehlen
§ 5	1. Gebot	»Ehre, wem Ehre gebührt«
§ 3, 4 + 10	5. Gebot	Nicht töten
§ 6	8. Gebot (evtl. 2.)	Sprache bewußt verwenden, ehrlich und direkt sein
§ 7	6. Gebot	nicht ehebrechen, Sexualität nicht »verdinglichen«
§ 8	1. Gebot	Menschenwerk nicht vergötzen

Gerade auch zu den weniger direkten Entsprechungen (s.o. zum 1. Gebot) können sich interessante Gesprächsgänge ergeben, ebenso läßt sich für nahezu alle Paragraphen und Gebote der Aspekt der Nächstenliebe als Nenner mehr oder weniger deutlicher Korrespondenzen herausarbeiten.
Evtl. Exkurs: Welcher Text stand noch Pate für die Verfremdung? (Vgl. z.B. § 9 und das Grundgesetz: „Die Würde des Menschen ist unantastbar ...".)
Wie stellst du dir deine Traumwelt vor? Welche Regeln müßtest du aufstellen, damit sie es bleibt?
Wie ernst ist es gemeint, wenn jemand antwortet: „Niemand hineinlassen!" Ist dann gar kein Mensch vorhanden, ist der/die Träumende mit sich allein? Was erinnert uns an die Geschichte vom Paradies? Wie hängen die Regel dort und die 10 Gebote zusammen? (Vgl. das 1. Gebot und den Wunsch, wie Gott zu sein.)

H. Die Zehn Gebote – ein tragender Grund – mit Füßen getreten?

⇨ Auflage des Gedichtes *Auslegeware* (**M 12**) als Folienkopie auf den Overheadprojektor. Die OHP-Technik ermöglicht das zeilenweise Freigeben der anfangs mit einem Abdeckblatt verdunkelten Kopie.
Als Sequenzen bieten sich (ohne Titel beginnend) an:
„Der Grund auf dem wir stehen / sind Gottes Gebote / ausgelegt / wie ein Teppichboden / mit Füßen getreten / und schließlich überdeckt mit einer Brücke / wohin?"
Ohne weitere Lehrerfragen kann bei einer entsprechend auf stumme Impulse eingestellten Klasse bereits das Freigeben des jeweils nächsten Abschnittes Schritt für Schritt die Deutung des Textes herbeiführen und die wechselnden Lesarten herausstellen. (Erst nach der letzten Zeile auch den Titel freigeben.)
Schlußfrage: Welchen Stellenwert haben die Zehn Gebote für uns? Welche Form von „Brükke" sind sie für uns: Mini-Teppich zum Überdecken schadhaft gewordener „Grundlagen" oder „Handreichung über den Abgrund" ...?

5. Das Thema in Schulbüchern und Unterrichtsmaterialien

- Kluge, Jürgen (Hg.): Entdeckungen machen 2. Grundausgabe ab dem 7. Schuljahr. Cornelsen, Berlin 1993, S. 9–19.
- Kwiran, Manfred/Röller, Dirk (Hg.): Glauben und Leben. Ausgabe für Gymnasien. 7./8. Schuljahr. Schroedel, Hannover 1989, S. 15–26.
- Macht, Siegfried. Gedichte & Bilder für Reli & Co. AOL-Verlag, Lichtenau-Schwerzheim 1994[2] (insbesondere Kopiervorlage S. 6 und 8–11).
- Macht, Siegfried: Noch lange nicht ausgedient. Neue Lieder für Schule und Gemeinde. Strube Verlag, München 1997 (Liederbuch und 2 CD [Kapitel „Ich will dich segnen"]).

6. Materialien und Medien

Dias
- „Aufkleben verboten", 4/1 Religion: Symbole und Riten 31, Dia-Dienst 22, Katholisches Filmwerk, München ab 1979, 1 f. Dia, Hand Gebote.
- Moses und Aaron bei der Übergabe der Tafeln mit den Geboten. Dänischer Psalter, Durch die Wüste, Steyl-Medien, München 1995, 1 f. Dia, Textheft.
- Jost, Gerhard: Moderne Götzen, Evangelische Zentralbildkammer, Kassel-Wilhelmshöhe o.J., 24 f Dias, Bildmontagen.

Fotos
- Mit starker Hand, Variation zum ersten biblischen Gebot, Eschbacher Handbilder 7, Foto Verlag am Eschbach 1990.
- Tanz des Großvaters, Variation zum vierten biblischen Gebot, Eschbacher Handbilder 6, Foto Verlag am Eschbach 1990.
- Taraviras Spiro: Runaway, Katholisches Filmwerk, BRD 1992, 15 Min. für Kurzspielfilm, Video.

Medienpaket
- Lübking, Hans-Martin: Gebote, AV-Religion – Reihe 1000, Calig Medien im Bernward Verlag, Hildesheim 1991, 9 f. – 17 cm – 9'07" – 45 UpM.

M 1

Folie a

```
SCHILFMEERSCHILFMEE
SCHILFMEERSCHILFME R
SCHILFMEERSCHILFM ER
SCHILFMEERSCHILF EER
SCHILFMEERSCHIL MEER
SCHILFMEERSCHI FMEER
SCHILFMEERSCH LFMEER
SCHILFMEERSC ILFMEER
```

Folie b
Overlay

```
                    R
                   E
                  E
                 M
                F
               L
              I
             H
```

M 2

Singet ihm

Das Mirjamlied

Kanon für 2 Stimmen

Text: 2. Mose 15, 21
Musik: Siegfried Macht

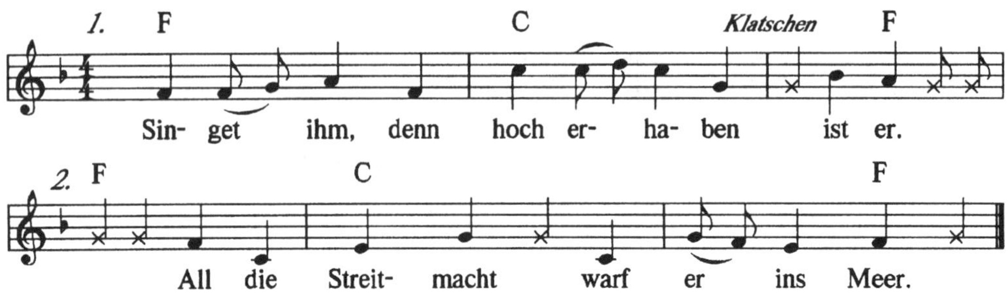

Aus: Siegfried Macht, Noch lange nicht ausgedient. Neue Lieder für Schule und Gemeinde, Strube, München 1997.

M 3

S. Macht

M 4

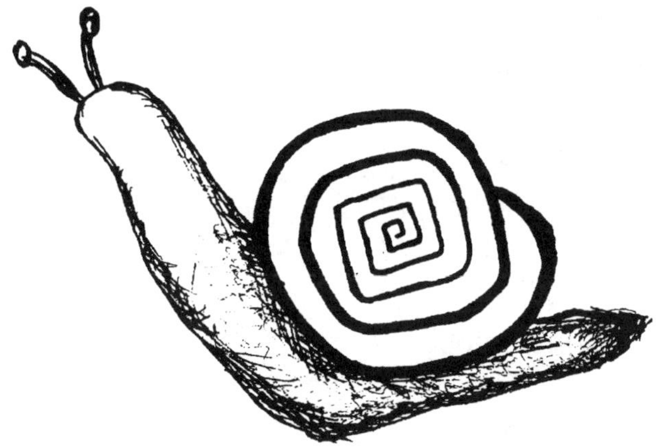

**Du bist schneller, doch
ich – kenne den Weg. Warte
sonst läufst du dich tot.**

Grafik und Senryu: S. Macht.

M 5

Der die Freiheit gab

Text und Musik:
Siegfried Macht

M 6

Die Zehn Versprechen

1 Nichts und niemand
wird dich versklaven.

2 Was dir lieb und wert ist,
wird niemand in den Schmutz ziehen,
und du wirst wissen,
woran du dich halten kannst.

3 Du wirst Zeit haben
für alle, die zu dir kommen,
und zu dem kommen,
der Zeit für dich hat.

4 Freue dich darauf, zu den Alten zu gehören,
denn die Jungen werden sagen:
Haltet sie hoch, denn sie hielten uns aus.

5 Mach keinen Zaun um dein Leben:
Niemand will es dir nehmen!

6 Verlasse dich darauf:
Niemand wird dich verlassen!

7 Verstecke nicht, was du hast,
denn der Gast kommt zu schenken.

8 Hab keine Angst, wenn sie flüstern:
Sie reden nur Gutes.

9 Wie die Feste des Himmels
wird dein Haus dich behüten,
wie die Sonne am Himmel,
so bleibt dir dein Dach.

10 Genieße die Blicke:
Sie kennen den Neid nicht,
und was sie dir wünschen,
ist ohne Falsch.

S. Macht

Arbeitsaufträge:

1. Welches Versprechen ist für dich am wenigsten realistisch? Von welchem wünschst du dir am meisten, daß es zutrifft?
2. Kannst du ein weiteres Versprechen formulieren, daß dir in der Reihe fehlt, etwas, wonach du dich sehnst ...?
3. Jedes der „Zehn Versprechen" läßt sich einem der „Zehn Gebote" zuordnen. Numeriere sie so, daß die richtige Reihenfolge entsteht.
4. Versuche genau zu erklären, worin der Zusammenhang zwischen den Geboten und den Versprechen besteht.

M 7

S. Macht

M 8

Du sollst nicht töten.

S. Macht

M 9

DVR/BG 95.

M 10

Herr, die dich lieben

Kanon für 2-4 Stimmen

Text: Richter 5, 31
Musik: Siegfried Macht

Aufstellung im Kreis (als Kanon in vier Kreisen), Blick zur Mitte, Schrittempo: halbe Note durchgefaßt (V-Position)

1 Kanondurchgang = 2 Tanzdurchgänge zu je 10 Schritten

Schritt	1–3:	rückwärts (re, li, re)
	4+5:	li vorwiegen, re rückwiegen
	6–8:	vorwärts (li, re, li)
	9+10:	re seitwärts, li ran

von vorn

Die Schrittfolge zeichnet das Bild einer Sonne: Rück-, Wiege- und Vorwärtsschritte deuten die „Strahlen" an, Seit- und Ranschritt wandern nach und nach über die Kreisbahn:

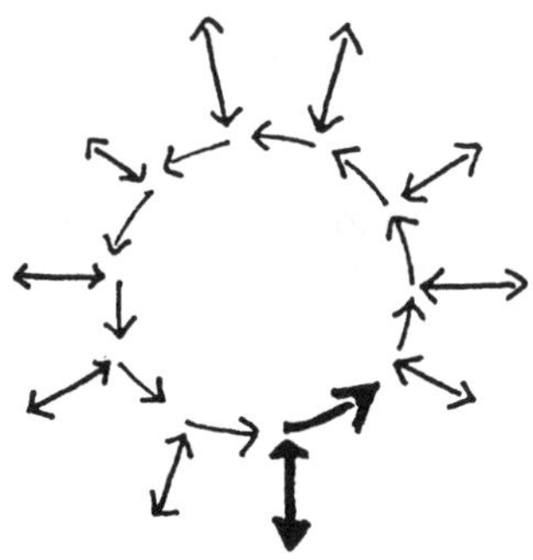

Aus: Siegfried Macht, Daß Frieden werde, Kleine Lieder zu großen Themen, Don Bosco Verlag, München 1984.

M 11

Gesetzentwurf zur Sprachreform

§ 1
Die besitzanzeigenden Fürwörter
erstatten Anzeige gegen Besitz,
hinter dessen Genitiv
sich Fragezeichen häufen.

§ 2
Worte mit zwei oder mehr
Buchstaben achten
zugunsten einer besseren
Aussprache
auf Selbstlaute derselben.

Ergreift die Grammatik
das Wort,
kann der Klang Einspruch
erheben.

§ 3
Starke und schwache Verben
ergänzen sich gegenseitig
in ihrer Rolle als Tu-Wort.

§ 4
Prädikate werden verliehen
Satzgliedern, deren Tat-
keine Leideform bedingt.

§ 5
Für Substantive mit Substanz
legen die Personal-
pronomen persönlich
ein Fürwort ein.

§ 6
Umgangssprache ist die direkte
Rede.

§ 7
Kein Subjekt wird als Objekt
behandelt oder genötigt,
Geschlechtswörter
als Artikel zu führen.

§ 8
Zugunsten einer lebendigen
Weiterentwicklung der Sprache
wird in Zukunft vermieden,
vergangene Zeiten
als Perfekt zu bezeichnen.
Gleiches gilt für die Behauptung
einer vollendeten Gegenwart.

§ 9
Die Würde des Wortes
ist uncrsatzbar.
Das Wort der Zeit
ist das auf niemand
zielende Zeitwort.

§ 10
Der Friede und andere
Hauptworte erheben sich
aus Befehls- und
Möglichkeitsformen
und sind.

S. Macht

M 12

Auslegeware

Der Grund auf dem wir stehen
sind Gottes Gebote
ausgelegt
wie ein Teppichboden
mit Füßen getreten
und schließlich
überdeckt mit einer Brücke
wohin?

S. Macht

3 Nichts für Zuschauer: Das Reich Gottes

1. Theologische und didaktische Aspekte

Wenn Jesus und die Autoren der neutestamentlichen Schriften (vor allem die der synoptischen Evangelien) vom „Reich Gottes“ (basileia) sprechen, so spürt man ihre Verwurzelung in der langen Tradition jüdischer Rede von der Hoffnung auf die messianische Zeit.

Schalom Ben-Chorin arbeitet in seinen Tübinger Vorlesungen für die hebräische Bibel deutlich zwei Grundvorstellungen heraus:

- Der restaurative Messianismus blickt zurück auf das Reich König Davids und stellt dies als Prototyp des idealen Königtums heraus. Jede Zukunft muß sich nicht nur daran messen lassen, der Messias wird geradezu als Wiedergeburt Davids in einem Urenkel vorgestellt. Der Blick geht also in die Vergangenheit und beschränkt sich mehr oder weniger auf eine Heilserwartung für das Volk Israel. In diese Richtung weist die Begrüßung Jesu als „Sohn Davids“.
- Der utopische Messianismus ist universeller. Er erwartet das Friedensreich des Messias für alle Völker und zeichnet ein Bild, dessen Visionen auch die goldenen Zeitalter der Heilsgeschichte übertreffen. Der Mensch, dem Gott ein neues Herz gegeben hat, wird die Harmonie zwischen dem Schöpfer und seiner Schöpfung nicht weiter stören. Radikal wird ein neuer Himmel und eine neue Erde erwartet. (Diese Vorstellung ist besonders ausgeprägt bei Exilpropheten wie Sacharja.)

Beide Vorstellungen hoffen auf den Untergang des bestehenden Zeitalters und suchen nach Zeichen für den Anbruch des neuen. Lk 17,20 zeigt, wie Jesu Rede solche Erwartung aufnimmt, sie aber gleichzeitig auch enttäuscht und schließlich übertrifft:

„Das Reich Gottes kommt nicht so, daß man es beobachten könnte. Man wird auch nicht sagen: Siehe hier! oder: dort! Denn siehe, das Reich Gottes ist mitten unter euch.“

Solches Angebrochensein der Gottesherrschaft kontrastiert jedoch insbesondere den oben skizzierten restaurativen Vorstellungen von einer Wiederaufrichtung des Reiches Israel (vgl. Lk 24,21 und Apg 1,6–7) und bringt Jesus damit in Widerspruch zu den Zeloten.

Jesu Verkündigung vom Reich Gottes (vgl. zum Beispiel Mt 4,17 und Mk 1,15) verbindet

- den Zuspruch („Die Zeit ist erfüllt, das Reich Gottes ist nahe“)
- mit dem Anspruch („Kehrt um!“).

Solcherlei Verknüpfung verdeutlicht, daß das Reich Gottes weder durch menschlichen Aktionismus herbeigezwungen, noch als Schlaraffenland erträumt der biblischen Spannung gerecht wird.

Das gegen die Hohenpriester und Ältesten (Mt 21,23) gerichtete Wort von den Zöllnern und Huren, die eher ins Himmelreich kämen als sie (Mt 21,31), zeigt in der Infragestellung anerkannter religiös-sittlicher Kriterien ein weiteres Abrücken Jesu vom vorfindlichen Denken: Als Einlaßbedingung für die Gottesherrschaft wird auch außerhalb der Gleichnisse in den als authentisch zu wertenden Texten nie auf die Tora verwiesen.

Wenn auch Jesus (vielleicht mit Ausnahme von Mk 4,3–9) im Zusammenhang mit der Gottesherrschaft nie von sich selbst spricht, so belegt das bisher Gesagte doch seinen Anspruch, Gottes Wirklichkeit in Vollmacht anzusagen.

Dies zeigt sich in anderer Weise auch im *Vaterunser* (Mt 6,9–15, vgl. Lk 11,2–4), wenn Jesus Gott mit „Abba" anspricht, was am angemessensten mit einem kindlich-vertrauten „Papa" wiederzugeben ist. Im Gegensatz zum spätantiken Judentum, in dessen Rede von der zu erwartenden Gottesherrschaft der Gerichtsgedanke die Heilserwartung mitunter fast völlig verdrängt hat, bringt Jesus hier in einem Atemzug die Bitte um das Kommen des Gottesreiches und einen ganz anders qualifizierten Gott. Die Allgemeingültigkeit solchen Vorgehens wird dabei durch den (das Vaterunser als Prototyp des Gebens schlechthin herausstellenden) Vorspruch Mt 6,9a bzw. Lk 11,2a unterstrichen.

In Jesu Gleichnissen und Wundern bekennen die Autoren der Evangelien ihn nicht nur als Wegweiser, sondern als Weg. In seinen Worten und seinem Handeln ist Gottes Nähe erfahrbar: „Wenn ich mit dem Finger Gottes die Dämonen austreibe, dann ist Gottes Reich zu euch gekommen" (Lk 11,20).

Der Kranke heilt (z.B. Mt 11,2f) und Sünden vergibt (z.B. Mk 2,5f), kümmert sich um Leib und Seele, die im biblischen Sinn ohnehin nicht als dualistische Zweiheit gedacht werden: Es geht um den *ganzen* Menschen. Vgl. dazu die etymologische Verwandtschaft von „heilig" und „heil" im Sinne von „ganz" (engl.: „holy" und „whole").

Während unter den bei Mk mitgeteilten Gleichnissen nur 4,26 und 30 f, bei Lk nur 13,18 und 20 f ihren Ausgangspunkt beim Reich Gottes nehmen, sind es bei Mt zehn Gleichnisanfänge (vgl. z.B. das gesamte Kapitel 13).

In der Schalksknecht-Parabel (Mt 18,23–30) zeigt sich, daß die sich als Schuldvergebung manifestierende Gottesherrschaft Konsequenzen für das Verhalten der Betroffenen haben müßte. Auch ohne den moralisierenden Zusatz der Verse 31–34 ist deutlich, daß ein Sichansteckenlassen von solchem Verhalten der Regelfall wäre. Als Anbruch einer neuen Gerechtigkeit läßt sich auch Mt 20,1 lesen: Die Arbeiter im Weinberg erhalten nicht, was sie verdient, sondern was sie nötig haben.

Hans Weder (s.u.) betont bei der Vorstellung seiner Gleichnistheorie die Vergegenwärtigung des Gottesreiches im Sprachgeschehen des Gleichnisses selbst. Von Jesus in das Gleichnis (und seine oft mehrfachen Identifikationsmöglichkeiten) hineingenommen, begegnen die Hörer quasi ein Stück weit auch dem Reich Gottes selbst. So ist das Gleichnis nicht uneigentliche Rede, nicht ausschmückende Verzierung oder Verschlüsselung einer auch unmittelbarer mitzuteilenden Wirklichkeit, sondern eine von der Sache Gottes her notwendige Sprachform. Von daher gilt es zu überlegen, ob eine schematisierende und sezierende Aufschlüsselung des Gleichnisses in Bild-, Sachhälfte und Vergleichspunkt nicht die Unmittelbarkeit des Ganzen aus dem Blick verliert.

Wirkungsgeschichtlich ließe sich in der Textkritik zudem zeigen, daß gerade allegorisierende und moralisierende Zusätze und Deutungen in der Regel als Gemeindebildungen bzw. aus der Theologie der jeweiligen Urheber zu verstehen und nicht auf den historischen Jesus zurückzuführen sind.

Jesu Worte vom Reich Gottes lassen dieses nicht auf wie auch immer geartete Restzonen abdrängen. Eben weil es „nicht von dieser Welt" ist, sind alle Vorstellungsbereiche darin im dialektischen Sinn „aufgehoben". Jesu Bilder knüpfen dabei gerade an erfahrbare Zeichen der Hoffnung, wie das Wachsen der Saat und den gütig handelnden Vater, an und gewinnen sie nicht etwa aus dem Kontrast des Gottesreiches zu einer gänzlich verderbt gedachten Welt. In Anlehnung an Ingo Baldermann ist dabei gerade für die Didaktik des Religionsunterrichtes in säkularisierter Zeit hervorzuheben, daß solche Hoffnung nicht etwa glaubwürdig ist, weil sie von Jesus kommt, sondern andersherum dieser Jesus in seiner Rede vom Gottesreich glaubwürdig ist, weil er solche Zeichen aufzuspüren, selbst zu setzen und danach zu leben vermag.

Daß solche Zeichen eben nicht dem Bild von „Herrschaft" entsprechen, das durch diverse muskulöse bzw. computergerüstete Siegergestalten in Actionfilmen usw. verbreitet wird, und die Gottes Herrschaft explizierende Herrschaft des „Königs der Juden" eben gerade auch in Niedrigkeit und Tod sichtbar wird, gehört zu den bleibenden Herausforderungen der Thematik.

2. Intentionen

Die Sch. sollen
- verschiedene Vorstellungen vom Reich Gottes auf ihre Angemessenheit hin kritisch reflektieren,
- für das Paradoxon sensibilisiert werden, daß in Jesu Reden und Handeln das Ausstehende schon gegenwärtig ist,
- Gleichnisse als Überzeugungsgeschichten kennenlernen, in die der Hörer ganz mit hineingenommen wird und in denen er etwas vom Wesen der Gegenwart Gottes erfahren kann,
- wissen, daß Gottes Reich nicht für „Zuschauer" anbricht, sondern wie ein Geschenk, daß die Beschenkten in Bewegung setzt (somit zwischen Passivität und andauernder Frustration auf der einen und aktionistischem Machbarkeitswahn auf der anderen Seite einen dritten Weg nahelegt).

3. Literatur zur Vorbereitung

- Baldermann, Ingo: Gottes Reich – Hoffnung für Kinder. Entdeckungen mit Kindern in den Evangelien. Neukirchener Verlag, Neukirchen-Vluyn 1991.
- Jeremias, Joachim: Jesus und seine Botschaft. Calwer, Stuttgart 1982[2].
- Kittel, Gisela: Der Name über alle Namen. Bd. II: Biblische Theologie/NT. Vandenhoeck und Ruprecht, Göttingen 1996[2] (darin Kapitel IV: „Die neue Welt Gottes", S. 167–222).
- Weder, Hans: Die Gleichnisse Jesu als Metaphern: traditions- u. red. geschichtl. Analysen u. Interpretationen. Vandenhoeck und Ruprecht, Göttingen 1990[4].
- Ders.: Gegenwart und Gottesherrschaft: Überlegungen zum Zeitverständnis bei Jesus und im frühen Christentum. Neukirchener Verlag, Neukirchen-Vluyn 1993.
- Ders.: Einblicke ins Evangelium: Exegetische Beiträge zur neutestamentlichen Hermeneutik. Gesammelte Aufsätze aus den Jahren 1980–1991. Vandenhoeck & Ruprecht, Göttingen 1992.

4. Unterrichtsideen/Verlaufsplanung

A. Dein Reich komme

⇨ Das *Vaterunser* als Lückentext (**M 1a**) ausgeben. Ergänzung der zweiten Bitte: „Dein Reich komme". Im Sinne Luthers kann gefragt werden: „Was ist das (das Reich Gottes)?" Wie wird das Reich Gottes vorgestellt, welche Begriffe und Begriffsverwirrungen kursieren?
M 1a, Frage 2 zielt auf die Beschreibung des Gottesreiches im Vaterunser durch nahezu sämtliche Zeilen:
- Angesichts der Nähe des Gottesreiches dürfen wir Gott Vater („Papa") nennen.
- Es ist dort, wo Gottes Wille geschieht, wo niemand verhungern muß, wo wir Schuld vergeben, wie uns vergeben wird (vgl. Schalksknecht-Parabel, Mt 18,23 f).
- Wo Gottes Reich anbricht, hat das Böse keine Kraft mehr. Vgl. die Dämonenaustreibungen Jesu. Exkurs: Was erwarten heute Menschen, die sich mit Okkultismus beschäftigen? Kontakt mit dem Bösen? Oder eher mit Mächtigem, mit Außergewöhnlichem? (Warum) erwarten sie (wir?) nichts (oder wenig) von Gott?

Zu Frage 3: Jesus, der „Sohn Gottes", nennt den Vater erstmalig „Abba", d.h. „Papa".

⇨ Arbeitsblatt **M 1b**, *Bronzerelief zum Schalksknecht-Gleichnis* von Otto Münch, austeilen. In der für Münch typischen Art sind die beiden zentralen Stationen des Gleichnisses zusammengeschoben: Der Hintergrund zeigt den seinem Knecht vergebenden König, der Vordergrund die folgende Begegnung des Begnadigten mit seinem eigenen Schuldner, dessen Gesuch er hochmütig und den vor ihm flehentlich Niedergeworfenen keines Blickes würdigend ablehnt. Erhobenen Hauptes, und darin keineswegs dem sich ihm zuvor gütig zuwendenden König gleichend, zeigt er dem, der ihm bedeutend weniger schuldet, die „kalte Schulter". Der moralisierende, sicher spätere Zusatz zum Gleichnis ist dem Künstler keine dritte Szene wert: Das Anstößige der Szene ist bereits deutlich, sie bedarf keines Strafgerichtes mehr, im Gegenteil: Das Fehlen eines solchen fordert die eigene Reaktion des Betrachters bzw. Zuhörers um so unmittelbarer.
In der Rahmenkulisse fällt die kreuzförmige Säulenkonstruktion auf, deren Senkrechte genau die Bildmitte kennzeichnet: ein Hinweis auf den Gekreuzigten, der wie der König des Gleichnisses zu anderer Vergebung fähig war? Solche Assoziationen verstärkt der Blick auf die sich am linken Bildrand hochrankende Weinrebe: Mahnt sie an Christus zu bleiben, wie die Rebe am Weinstock, und Frucht zu bringen, z.B. durch vergebende Zuwendung zum Nächsten?
In ihrer Anbindung an das Vaterunser wird die Szene zur Mahnung an ein allzu leichtfertig ausgesprochenes „... wie auch wir vergeben unsern Schuldigern" und ist in ihrer Darstellung von menschlicher Nichtvergebung eher Kontrastbild als bloße Illustration der entsprechenden Vaterunser-Bitte.

⇨ Brainstorming zum Begriff „Himmel". Tabellarische Gegenüberstellung gemäß der im Englischen möglichen deutlichen Unterscheidung „sky" und „heaven" als sichtbarer Himmel der Gestirne usw. und „Himmel" im Sinne der Rede vom Reich Gottes bzw. generell übertragend.
Vgl. die z.B. im Deutschen nicht mögliche Unterscheidung „our father in heaven", aber „under the open sky".

⇨ Einspielung des Liedes *Der Frieden wird sein* von der CD „Gib nicht dem wilden Tier die Seele deiner Turteltaube. Poetische Lieder des Alten Testamentes. Strube Verlag München". (Alternativ: Lehrervortrag nach **M 2**). Unterrichtsgespräch (evtl. vorbereitende Einzel- oder Partnerarbeit nach den Arbeitsaufträgen auf **M 2** über den Liedtext als Vision vom Friedensreich des Messias.
Fragen wie „Wann wird das sein?" als Überleitung aufgreifen:

⇨ Verständnis wecken für die Faszination und Provokation, die von Jesus ausgeht, wenn er zum Beispiel bei seinem ersten „öffentlichen Auftritt“ in der Synagoge in Nazareth im Zusammenhang mit einem (diesem Lied) vergleichbaren Text (vgl. Lk 4,16–22 oder 30) sagt: Heute hat dies sich erfüllt. Weiterführung: Was von solchen Verheißungen hat sich in Jesu Umfeld erfüllt? Vorwissen sammeln. (s.o.: Krankenheilung, Sündenvergebung, Mahlsgemeinschaft mit Außenseitern. Statt eines „historisch-kritischen“ Streites über Totenerweckungen und Exorzismen die zahlreichen Einzelbausteine zum Mosaik einer den ganzen Menschen betreffenden Heilung/ Umkehr zusammenfügen.)

B. Alles Gute kommt von oben? Oder: Himmel und Hölle

⇨ Auflage des Textbildes *Hölle* als Folienkopie (**M 3**) auf dem OHP (vorerst ohne bzw. mit abgedeckter Titelzeile „wo die Liebe fehlt ist die Hölle“). Abwarten spontaner Assoziationen, vorerst nichts kommentieren. Mögliche Reaktionen:
- Zuviel Liebe kann einengen, kann die Hölle sein (Perspektive des von den Eltern überbehüteten Jugendlichen, aber auch schon Erfahrungen mit Forderungen von Freund oder Freundin).
- Deutungen im Sinne des „Untertitels“ aufgreifen und weiterführen:
  Die Hölle ist hier (und im Sinne biblischer Theologie!) nicht der Inbegriff alles Bösen (inklusive Teufel mit struppigem Fell, Klumpfuß, Hörnern und allerlei Folterutensilien ...), sondern die Abwesenheit der Liebe bzw. Gottes ...
- Darauf aufbauend Anbahnung eines Verständnisses von „Himmel“ (Reich Gottes/ heaven nicht sky!) als „Anwesenheit/Gegenwart Gottes“.

⇨ Evtl. *kreative Nachgestaltung* des Wortes „Himmel“ in analoger Manier. Mögliche Lösungen:
- Himmel in großen Buchstaben als Schablone, gefüllt mit den Worten „Liebe“ und/ oder „Gott“ und/oder ...
- Himmel als Aussparung vor dem Hintergrund von einem oder mehreren Negativbegriffen.
- Als Hintergrund nicht Worte, sondern Zeitungsartikel, Illustriertenphotos usw. nutzen und aus diesen den „Himmel herausschneiden“ ...

⇨ Einzel- oder Partnerarbeit nach Arbeitsblatt **M 4**: Traditionelle Vorstellung vom Himmel über und der Hölle unter uns schrittweise durch kreatives Umgestalten von Textsegmenten und Vergleich mit Originalgedicht in theologisch weiterreichende Vorstellungen weiterführen: Himmel beginnt mitten unter uns.

⇨ Vertiefender Exkurs bezüglich der problematischen Eindimensionalität von „Ortsangaben“ im Zusammenhang des Themas: Anhand der Anekdote *Die Oase der Ekstase* (**M 5**) herausarbeiten, daß „in die Tiefe zu gehen“ auch eine Art von „Höhenflug“ darstellen kann.

⇨ Spiel *Brezeln und Draht* nach **M 6**.

C. Der Himmel auf Erden und andere Ver-Suchungen

⇨ In Warenhausprospekten den „Himmel auf Erden“ suchen und als *Collage* einfangen ... Oder alternativ: In einer geführten *Traumreise* dem „Himmel auf Erden“ auf die Spur kommen: Was habt ihr geträumt, gesehen, gehört, gefühlt, geschmeckt, gerochen ...?

⇨ Für beide Zugänge: Habt ihr den reinen Himmel gefunden? Oder hat sich etwas Hölle hineingemischt? Oder etwas Drittes? Wie nennt ihr das? War euer Himmel Himmel oder Paradies, Schlaraffenland? Kann, sollte man das unterscheiden? (Hier im folgenden anknüpfen und z.B. mit Gleichnissen Jesu verdeutlichen, daß das Reich Gottes nicht als Schlaraffenland ausgemalt wird, nichts für Zuschauer und Passive ist ...)

⇨ Herausarbeitung der verschiedenen möglichen *Fragen nach dem Himmel* (wo?, wie?, wann? ...).
Gleichnisse als Antwortgeschichten lesen, implizite Fragen entdecken, z.B.: Mt 13,31–33 (Senfkorn, Sauerteig): Wann kommt das Reich Gottes? Wenn es schon da ist, warum sieht man es nicht? Wie verhält sich seine Gegenwart zur noch ausstehenden Erfüllung? Als ausführliches Beispiel siehe unter G.
Mt 13,44–46 (Schatz im Acker, Perle): Wie reagiert man auf das (Wort vom) Reich Gottes? Was ist es einem wert?
Mt 20,1–16 (Arbeiter im Weinberg): Welcher Art ist die Gerechtigkeit Gottes? Als mögliche Vertiefung siehe F.

D. Aufbruch ist „Not-wendig"

⇨ In der vorangehenden Stunde darum bitten, *Musik* mitzubringen, die uns in Bewegung setzt.
Einige Minuten verschiedene Tonträger anhören und schauen, ob die Klasse sich davon bewegen läßt: Wenn nein, liegt es an der Musik, an der Atmosphäre ...?
Welche Bewegungen zu Musik kennen wir außer Tanz noch (Marschieren, Arbeit/Worksongs, Jagd, Beschwörungen ...)?
Welche Musik und welche Bewegungen spricht das Gedicht *Neue Musik* (**M 7**) an?

⇨ L.-Vortrag des *Songs vom großen Aufbruch* (**M 8**) oder Einspielung des Liedes von der Musikkassette „Der Brotbaum blüht" (Bestelladresse: Kirchl. Verwaltungsstelle, Münchehäger Str., 31547 Rehburg-Loccum).
Unterrichtsgespräch oder Einzelarbeit nach **M 8** zum Liedtext.

⇨ Abschließende Zusammenführung: Auch in Richtung auf das Reich Gottes muß man (sich) aufbrechen, es kommt nicht für Zuschauer. Jesu Ruf in die Nachfolge steht in der Tradition der Propheten, die zu Aufbruch und Umkehr auffordern. Das Reich Gottes erreicht niemanden, der sich nicht bewegen läßt.

E. In die Zukunft zurück

⇨ Mit Hilfe des Bildimpulses *Aufbruch ins nächste Jahrtausend* (**M 9**) wird an Unterrichtssequenz D angeknüpft: Es gibt auch Aufbrüche, die unter schlechten Vorzeichen stehen, enttäuschte Hoffnungen, Holzwege, Sackgassen wie die uneingeschränkte Fortschrittsgläubigkeit.
Unangemessene Vorstellungen vom Reich Gottes sind als Götzen zu entmythologisieren: In Politik und Naturwissenschaft mehr oder weniger geschehen, in der Werbung noch längst nicht ...
(Zu **M 9**, Frage 3: Reflektiert werden können als Kontrast zur Sackgasse zum Beispiel die Zeichen „Zebrastreifen" und „Vorfahrt achten", auch „Achtung, Kinder!" Vgl. das Gedicht „Vision", in: „Dein Name ist Dubistbeimir". Kirchl. Verwaltungsstelle, Münchehäger Straße, 31547 Rehburg-Loccum.)

⇨ Vertiefung durch vorbereitende Einzel- oder Partnerarbeit nach Gedicht *Kündigt der Hölle* (**M 10**).
Herausarbeiten, daß
- Machbares nicht geringgeschätzt werden darf, die „Arbeit am Reich Gottes weitergehen kann und soll";
- Grenzen gesehen werden müssen, nichts herbeigezwungen werden kann, der Mensch sich und seine Möglichkeiten nicht überschätzen darf;
- manches als Geschenk kommt und nicht in unsere Hände gelegt ist, solche Hoffnung Frustrierte gerade auch zu neuem Handeln aufrichten kann.

⇨ Wiederentdecken der Spannung zwischen notwendigem Tun und notwendigem Entgegenkommen Gottes im Hören des Liedes *Kommt, wir fahren in die Zukunft zurück* von der MC „Der Brotbaum blüht" (Kirchliche Verwaltungsstelle, Münchehäger Straße, 31547 Rehburg-Loccum) oder alternativ: L.-Vortrag nach **M 11**:

- Entdecken des aktuell Machbaren in der Verfremdung biblischer Bilder, Konkretisierung in der Gegenwart.
- Im Anschluß an die letzte Strophe fragen: Woher kommt die Hoffnung, daß „Eden" offen ist? Ist das eine Folge (nur) unseres Tuns?
- Gemeinsames Singen unter Einbeziehung der Ostinato-Zeile: „Sieh, die Tür, die Tür ist schon auf. Sag, weißt du wann und wie, durch wen das geschah?"
- Hinweis auf das „Weihnachtsgeschehen": „... heut schließt ER wieder auf die Tür zum schönen Paradies ..."

F. Liebe ist mehr als Gerechtigkeit

⇨ Kreatives Schreiben: Einen Schluß zu dem Märchen *Unausgewogen* (**M 12**) formulieren. Vorlesen einiger Geschichten, evtl. Gespräch darüber ohne Wertungen.
M 13 als Arbeitsblatt ausgeben, Punkt 1 und 2 bearbeiten.
L.-Vortrag des Liedes *Einem Hausherrn gleicht der Himmel* zur Gitarre oder Lesen des Liedtextes. Weiterarbeit auf der Grundlage von Arbeitsblatt **M 13** (Frage 3–7). Gemeinsames Singen des Liedes.
Vergleich des Liedtextes mit dem eigenen Märchen: Parallelen, Unterschiede ...?

G. Aus klein wird groß

⇨ Stummer Impuls: Auflage des Gedichtes *Vom Senfkorn* (**M 14**) als Folienkopie auf dem OHP, die letzte Strophe durch ein Abdeckblatt verdeckt halten.

- Erste Reaktionen abwarten. In den Kontext einhelfen: Auch Jesus suchte nach Antworten auf Unglaube und Zweifel seiner Zuhörer. Welche Frage beantwortet er mit diesem Gleichnis? (Antwort in etwa: „Warum sieht man noch nichts vom Reich Gottes?")
- Jetzt erst die letzte Strophe freigeben: Als Text für unsere Zeit geht das Gleichnis weiter. Was sagt es jetzt?
  (Wir suchen den Extrakt, das besonders Scharfe und verlieren lebendige Bezüge. Glaube aus der Tube? Himmel und Hölle aus dem Fernseher? Läßt sich Gott verfügbar machen, aus der Tube drücken, zu sich nehmen wie Medizin ...?)

⇨ Vertiefung durch die Erzählung vom *Traum des jungen Mannes* (**M 15**):

- Wachsen lassen, nicht von Anfang an Fertigprodukte erwarten.
- Ineinandergreifen von menschlichem und göttlichem Handeln (vgl. auch das mittelalterliche „Ora et labora": Bete *und* arbeite).
- Evtl. Exkurs zur menschlichen Ungeduld, Warteprozesse beschleunigen zu wollen: Als Ballade vertonte Parabel des Mong Dse „Ein Mann aus Sung" in „Kinder tanzen ihre Lieder. Bonifatius, Paderborn 1991" (auch auf gleichnamiger MC).

H. Sein Stuhl ist leer

⇨ Bildbetrachtung (Folienkopie **M 16** auf dem OHP), spontane Assoziationen abwarten, behutsam lenken und bündeln:

- „Ich habe dieses Bild bewußt fast ans Ende unserer Unterrichtseinheit gestellt ..."
- Ein, nein zwei Stühle, für wen? Ist er fortgegangen – wird er erwartet, oder beides?
- L.-Information: Im Judentum ist es Brauch, bei Festlichkeiten einen Platz für den Propheten Elia zu decken und freizuhalten.
- Halten wir einen Platz frei für den, den wir im Vaterunser bitten: Dein Reich komme!? Wie groß ist der Stuhl, den wir freihalten? Oder: Welchen Platz bieten wir ihm an (in der Politik, in unserem Leben ...)?
- Was sagt der Stuhl als steinerner Thron, als altertümlicher Wohnzimmerstuhl über unsere Vorstellung von Gott und seinem Reich aus?

5. Das Thema in Schulbüchern und Unterrichtsmaterialien

- Besser-Scholz, Birgit (Hg.): LebensZeichen 9/10. Vandenhoeck & Ruprecht, Göttingen 1992, S. 103–113.
- Fabricius, Volker/Heller, Hans: Das Leben suchen. Religion 7/8. Diesterweg, Frankfurt a.M. 1989, S. 40–42.
- Hanisch, Helmut u.a. (Hg.): Das neue Kursbuch Religion 9/10. Calwer/Diesterweg, Stuttgart/Frankfurt a.M. 1988, S. 82–83: „Der Traum vom Friedensreich", 192 ff: „Schöne neue Welt"; Kursbuch Religion. Neuausgabe 9/10, Frankfurt a.M. 1993, S. 30–31.
- Veit, Reinhard: Glauben heute. 7./8. Schuljahr. Schroedel, Hannover 1990, S. 40–46.

6. Materialien und Medien

- Lüscher-Gerber, Regina/Schwarz, Michael: Unterrichtseinheit „Jesus II: Gleichnisse", in: Unterrichtshilfen, Theologischer Verlag Zürich, 1991.
- Schöpke, Henning: SchülerInnen schreiben und spielen Gleichnisse, in: Religion heute 21, 3/95, Friedrich-Verlag, Velber.
- Die Gleichnisse Jesu (Serie). Biblical Productions (FWU), Israel 1992, 3 x 10 Min., f., Kurzspielfilme; daraus: Gleichnisse vom verlorenen Sohn.

M 1a

Vater unser im Himmel.

Geheiligt werde dein Name

→ ←

1. Viele Menschen können dieses Gebet auswendig sprechen. Kannst du es ergänzen?
2. Wenn ja: Was ist damit gemeint, bzw. wie erklärst du dir diese Bitte? Gibt es weitere Zeilen, die zur fehlenden in engem Zusammenhang stehen oder sie erklären?
3. Wer hat dieses Gebet als erster gesprochen? (Abraham, Mose, Jesus, Martin Luther?) Wo enthält der Text selbst einen indirekten Hinweis auf seinen „Urheber"?

M 1b

An der Bronzetür des Großmünster in Zürich findet sich die folgende Szene zum Gleichnis vom Schalksknecht (Mt 18,21–35) als Darstellung einer der Bitten des Vaterunsers.

Aus: Meisterbilder der Bibel. Folge V, Verlag Junge Gemeinde, Stuttgart.

- Lies den Text des Gleichnisses in der Bibel nach.
- Betrachte die einzelnen Elemente des Bronzereliefs und versuche, ihren ausdeutenden Charakter zu beschreiben.
- Welcher Bitte des Vaterunsers hat der Künstler die Szene wohl zugeordnet?
- Worin stimmen Gleichnistext und Bild überein, worin nicht?
- Inwiefern ist die Szene ein Bild vom Reich Gottes?

Der Frieden wird sein

M 2

Text nach Jesaja 1,28-31; 4,5; 51,11
Psalm 65, 10-14, Parallelstellen und
mündl. Überlieferung: Siegfried Macht
Musik: Engl. Volksweise

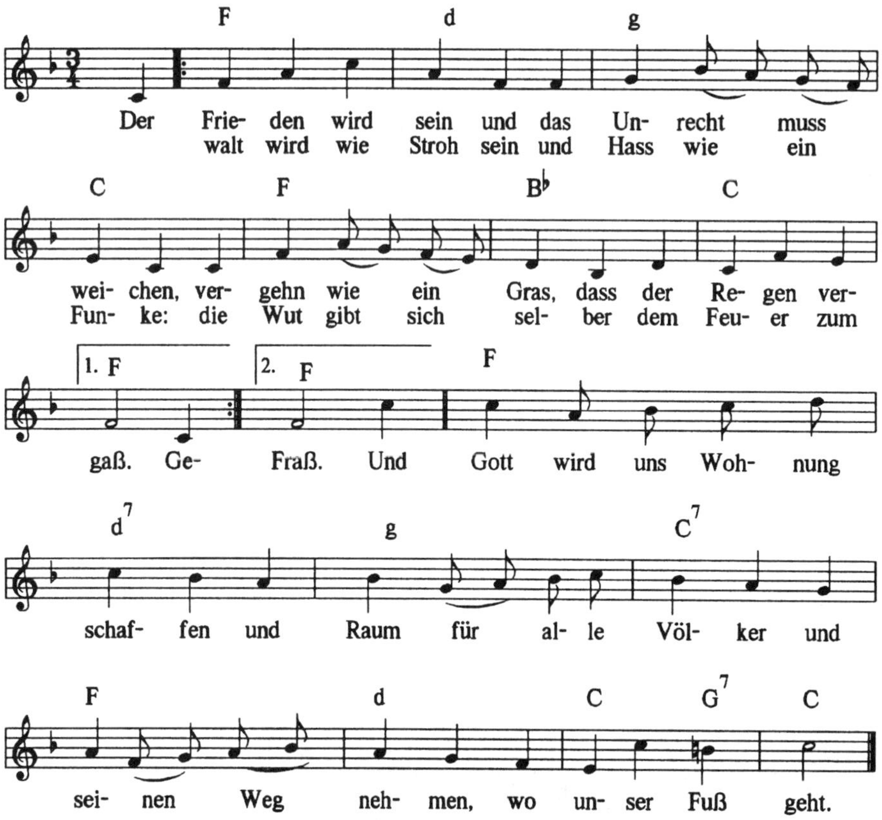

Dann werden wir kommen
und jauchzen auf deinen Höhen,
und jeder wird sich freuen
an den Gaben des Herrn.
An Korn und an Wein,
über Öl und junge Schafe,
über Rinder auf den Weiden.
Halleluja!

Dann wird unsere Seele
ein wasserreicher Garten,
und wir werden nicht mehr
in Traurigkeit stehn

Der Friede wird sein ...

Aus: Siegfried Macht, Gib nicht dem wilden Tier die Seele deiner Turteltaube. Poesie des Alten Testaments zu Gitarrensätzen alter Meister, Strube Verlag, München 1994.

1. Das Lied beschreibt mit Bildern aus der Zeit des Alten Testaments die Hoffnung auf das Friedensreich des Messias. Schlage die angegebenen Textstellen in der Bibel nach.
2. Welche Hoffnungen liest du heraus? Sind es vergangene Wünsche oder immer noch aktuelle? Worauf hoffst du? Passen einige deiner Hoffnungen in die zweite Strophe? (Versuche sie hinter „... an den Gaben des Herrn ...“ einzufügen.)
3. Lies noch einmal genau: Wie spricht der Text von der Zukunft – formuliert er in der Form von Wünschen ...?

M 3

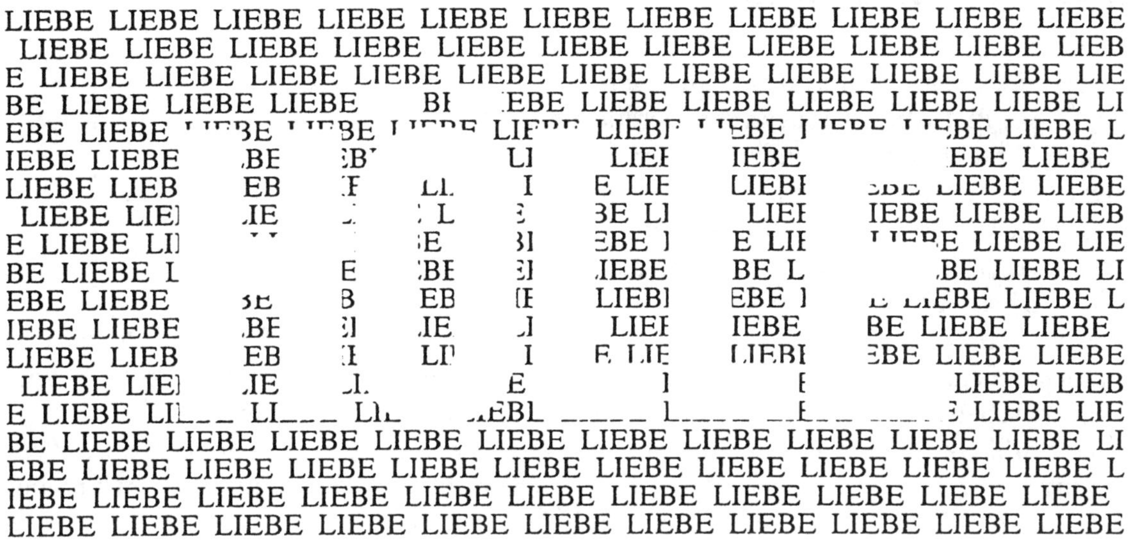

wo die Liebe fehlt ist die Hölle

Aus: Siegfried Macht, Dein Name ist Dubistbeimir, Kirchl. Verwaltungsstelle, Münchehäger Str. 12, 31547 Rehburg-Loccum, Rechte beim Autor.

M 4

1. Bringe fünf der folgenden Worte in eine für dich stimmige Reihenfolge: „Himmel der uns ist uns unter über".
2. Nimm auch die noch fehlenden Worte hinzu. Welche Ergänzung bietet sich an?
3. Die Worte sind aus einem Gedicht, das zu einer anderen Aussage kommt, als die meisten Hörer erwarten. Ergänze die obigen sieben Worte um „Gewalt in Luft der herrscht liegt Tod der", und versuche, das Original durch Hin- und Herschieben der Wörter und Zeilen zu rekonstruieren.

(Original zum Vergleich)

Himmel und Hölle

Über uns
herrscht Gewalt.
In der Luft
liegt der Tod.

Mitten
unter
uns
ist der Himmel

Aus: Siegfried Macht, Dein Name ist Dubistbeimir, Kirchl. Verwaltungsstelle, Münchehäger Str. 12, 31547 Rehburg-Loccum, Rechte beim Autor.

M 5

Die Oase der Ekstase

Herr P. besuchte das mehrstöckige Kulturzentrum in X. Die Bibliothek war in zwei Kelleretagen untergebracht, darüber fanden sich Disco, Schlagerclub, Mediothek, Computerspiel- und Videotreff, die Vorführungsräume des Institutes für multimediale Innovation und in der siebten Etage die „Oase der Ekstase“: ein Kino mit dreidimensionalem Leinwandeindruck und quadrophoner Akustik.

„Na, Alterchen“, sagte ein junger Mann vor dem Fahrstuhl wartend, „wie wär's mit einem Höhenflug?“

„Oh, danke“, sagte Herr P. freundlich, „ich gehe lieber in die Tiefe.“

1. Die Begriffe „Höhenflug“ und „in die Tiefe gehen“ lassen sich hier sowohl konkret wie bildlich verstehen. Erläutere!
2. Wie könnte es zu dem Sprichwort „Alles Gute kommt von oben“ und der entsprechenden Zuordnung Himmel = oben, Hölle = unten gekommen sein? Welche dieser Richtungszuweisung entgegenlaufenden Erfahrungen, Gegebenheiten usw. lassen sich berichten?

M 7

1. Was verstehst du unter „Neuer Musik“?
2. Was versteht das nebenstehende Gedicht unter „Neuer Musik“?
3. Musik setzt ihre Hörer häufig in Bewegung. Oder kennst du keine Musik, bei der du kaum stillsitzen kannst?
   So betrachtet, handelt es sich hier nicht nur um „neue“, sondern geradezu um „himmlische Musik“: Erläutere, wozu hier bewegt wird!

Neue Musik

Die Märsche turnen
Fünfachteltakt
um den Fahnenmast
der verbeugt sich nackt
und der Spießrutenläufer
tanzt Reigen.

Ein Shanty hat gestern
die Ölpest gebannt.
Ein Kinderlied
wird ins All gesandt
und die Trommeln der Treiber
schweigen

Die Hymne steht auf
geht das Volk vorbei.
Der Choral hat jetzt
jeden Sonntag frei.
In der Woche pfeift ihn Gott
auf den Gassen.

M 6

Das himmlisch höllische Drahtbrezelspiel

Vorbereitung: Brezeln einkaufen und langen festen Draht besorgen, Draht auf ca. 1,5 m lange Stücke schneiden.

Schiebt die Tische in eurer Klasse so zusammen, daß zwei relativ weit voneinander entfernte große Tische entstehen. In die Mitte jeden Tisches legt ihr die Brezeln. Vor jede(n) von euch legt ihr einen Draht. Biegt das eine Ende jeden Drahtes etwas um, so daß eine Art Angel entsteht.
Wenn von der Spielleitung das Zeichen „Auf die Brezel – fertig – los" gegeben wird, dürft ihr euch die Brezeln angeln und verzehren. Ihr müßt aber unbedingt folgende Spielregeln beachten, sonst wird euer gesamter Tisch vom Brezelverzehr ausgeschlossen:

1. Die Brezeln dürfen nur mit dem Draht geangelt und nicht in die Hand genommen werden.
2. Der Draht darf (bis auf den Angelhaken) nach Spielbeginn nicht weiter verbogen oder anderweitig bearbeitet werden.
3. Die Brezel muß mit dem Mund vom Draht abgenommen werden und darf dabei nicht zerbrechen.
4. Fällt die Brezel herunter, muß sie mit dem Draht neu aufgenommen werden.
5. Während des Spiels muß immer dieselbe Hand an einem Ende des Drahtes bleiben und darf nicht näher an die Brezel bzw. das Bogenende rutschen.

Wenn alles klar ist: Still an den Platz setzen und auf das Start-Zeichen warten. Falls es Probleme gibt: Nicht verzweifeln. Etwa eine Minute nach Spielbegin rückt die Spielleitung mit Zusatzinformationen heraus.

Zusatz für die Spielleitung:
Etwa eine Minute nach Beginn der Eßversuche folgendes Märchen vorlesen/erzählen, bis an einem der Tische die „Lösung" praktiziert wird ...

Es war einmal ein Mann, der wollte unbedingt wissen, wie der Himmel sei und wie die Hölle. Eines Tages träumte er von einem Engel, der zeigte ihm einen großen Saal, in dessen Mitte ein riesiger Tisch mit duftenden frisch gebackenen Brezeln stand. Drumherum saßen die unterschiedlichsten Menschen und angelten sich eine Brezel nach der anderen. Aber, o weh – sie angelten zwar, aber zum Essen kamen sie nicht. Dazu waren die Angeldrähte viel zu lang ...

Laß uns weitergehen, sagte der Engel, denn dies – ist die Hölle. Da erschrak der Mann, und schnell folgte er dem Engel in einen zweiten Saal, dessen Türrahmen die Aufschrift „Himmel" trug.

Auch hier saßen die Menschen mit langen Drähten an einem Tisch, in dessen Mitte Brezeln zum Verzehr einluden. Und schon von weitem hörte der Besucher sie genüßlich schmatzen, hier nämlich – aber die Lösung wißt ihr jetzt doch wohl selber, oder ...?
(Sie füttern sich gegenseitig.)

Song vom großen Aufbruch

M 8

Der Richter richtet auf

Text und Musik:
Siegfried Macht

2. Der Krieg kriegt's mit der Angst,
das Kind verlacht das Fürchten,
und die Soldaten ziehn hinaus,
die Grenzen zu entfernen.

3. Dem Reichen reicht's, er gibt;
statt Geld gewinnt er Freunde.
Und alle Gegner ziehn hinaus,
vergeben ihren Feinden.

4. Kein Volk wird mehr verfolgt,
kein Götze mehr vergöttert.
Als Menschen Gottes ziehn hinaus
gemeinsam die Gemeinden.

5. Der Stumme wird gehört,
der Blinde hat Visionen.
Was Hand und Fuß hat, zieht hinaus,
um andere zu tragen.

6. Der Henker hängt den Job
mit Freuden an den Nagel,
und die Gefangnen ziehn hinaus,
die Freiheit neu zu wagen.

*Minister = lat.-franz.: „Diener"

Aus: Siegfried Macht, Daß Frieden werde. Kleine Lieder zu großen Themen, Don Bosco Verlag, München 1984; auf: Der Brotbaum blüht, MC zum Liederbuch „Daß Frieden werde", Kirchliche Verwaltungsstelle, Münchehäger Str. 12, 31547 Rehburg-Loccum.

1. Die Bibel berichtet an wichtigen Stellen mehrfach von der „Not-Wendigkeit" aufzubrechen. Von welchen Aufbrüchen weißt du?
2. Auch der oben stehende Liedtext beschreibt einen großen Aufbruch. Hat er schon stattgefunden, oder steht er noch aus?
3. Wenn Jesus vom Reich Gottes spricht, steht auch manches in der Schwebe: Es ist schon hier und da angebrochen, was insgesamt noch aussteht.
Wo siehst du Hoffnungszeichen, wo haben sich z.B. Teile des Liedtextes erfüllt?
(Der 1984 veröffentlichte Liedtext wurde einige Jahre später in einigen Gemeinden der ehemaligen DDR gesungen ... Welche Zeilen waren da besonders aktuell?)

Aufbruch ins nächste Jahrtausend

M 9

Jupp Wolter, Cartoon-Caricature-Contor, München.

Der Himmel der Zukunft: Sackgasse
Der Himmel der Vergangenheit: Sackgasse
Der Himmel der Reiseprospekte: Sackgasse
Der Himmel der vollen Kaufhäuser: Sackgasse
Der Himmel Gottes:______________

1. Welchen verlorenen Himmel führt uns die Karikatur vor Augen?
2. Kannst du einige weitere „Sackgassen" nennen?
3. Welches „Verkehrsschild" könnte den „Himmel Gottes" kennzeichnen? Setze es ein.

Unausgewogen

M 12

Es war einmal eine Waage, die wollte ganz besonders gerecht sein. Also zeigte sie die Maße so genau an, wie keine andere Waage zu ihrer Zeit, und der Kaufmann lobte sie und sagte: „Du bist eine sehr genaue Waage."

Da strahlte sie vor Freude, war aber nicht zufrieden, denn viel lieber wäre sie ja eine gerechte Waage gewesen.

Eines Tages kamen zwei Männer in den Laden, der eine ein vornehmer Herr, der andere zerlumpt, aber von freundlichem Wesen und mit sieben kleinen Kindern am Rockzipfel hängend. Die verlangten nun beide Brot für einen halben Taler.

Da gab der Kaufmann erst dem Reichen, was für einen halben Taler auf die Waage paßte, dann aber dem Armen unausgewogen, so viel er nur tragen konnte.

Nachdem beide hinausgegangen waren, beschwerte sich die Waage und sprach. „Wenn ich so etwas mit ansehen muß, verbiegen sich ja die Federn in mir ..."

Der Kaufmann aber erwiderte: „....

S. Macht

M 10

Kündigt der Hölle

1
kündigt der hölle
verkündet den himmel
auf erden
  aber wie
  den himmel beschreiben
  wenn auf der erde
  kein satz mehr sein wort hält
    wenn sich die erde
    den himmel geschenkt hat
      gilt uns sein wort
    weil sich der himmel
    der erde geschenkt hat
    kann sich die erde
    den himmel nicht schenken

2
kündigt der hölle
verkündet den himmel
auf erden
  aber wie
  den himmel entdecken
  wenn auf der erde
  verschleierung trumpf ist
    wenn sich die erde
    den himmel geschenkt hat
      deckt er uns auf
      gilt uns sein wort
    weil sich der himmel
    der erde geschenkt hat
    kann sich die erde
    den himmel nicht schenken

3
kündigt der hölle
verkündet den himmel
auf erden
  aber wie
  den himmel ausmalen
  wenn auf der erde
  schwarz-weiß-maler herrschen
    wenn sich die erde
    den himmel geschenkt hat
      als gegenbild
      deckt er uns auf
      gilt uns sein wort
    weil sich der himmel
    der erde geschenkt hat
    kann sich die erde
    den himmel nicht schenken

4
kündigt der hölle
verkündet den himmel
auf erden
  aber wie
  den himmel gewinnen
  wenn auf der erde
  nicht darauf gesetzt wird
    wenn sich die erde
    den himmel geschenkt hat
      setzt er sich ein
      als gegenbild
      deckt er uns auf
      gilt uns sein wort
    weil sich der himmel
    der erde geschenkt hat
    kann sich die erde
    den himmel nicht schenken

5
kündigt der hölle
verkündet den himmel
auf erden
  aber wie
  den himmel besingen
  wenn auf der erde
  die note der not weicht
    wenn sich die erde
    den himmel geschenkt hat
      sind wir sein ton
      setzt er sich ein
      als gegenbild
      deckt er uns auf
      gilt uns sein wort
    weil sich der himmel
    der erde geschenkt hat
    kann sich die erde
    den himmel nicht schenken

Aus: Siegfried Macht, Noch lange nicht ausgedient. Neue Lieder für Schule und Gemeinde, Strube Verlag, München 1997.

M 11

Kommt, wir fahrn in die Zukunft zurück

Text und Musik:
Siegfried Macht

1. Kommt, wir fahrn in die Zukunft zurück
   Und öffnen den Garten Eden:
   Wir wollen des Bruders Hüter sein
   In Babel reißen wir Wände ein
   Und jeder kennt wieder jeden.

2. Seht, für uns ist die Arche zu klein
   Und Überfluß bricht aus den Dämmen.
   Da bleibt nur der Weg zu Quelle zurück
   Die Wüste bewässern, ihr dient zum Glück
   Womit wir uns überschwemmen.

3. Laßt das Werk, das zum Himmel stinkt
   Auf Sodom fällt saurer Regen
   Und wer sich da umdreht nach Hab und Gut
   Und noch nicht sieht, was die Gier schon tut
   Ist bald dem Schwefel erlegen.

4. Fette Jahre verlebte das Land
   Zum Speicherbau eilte der Fremde
   Der jetzt in der Dürre Ausländer heißt
   Auf den manches Kind mit dem Finger weist
   Denn nun scheint sein Gastrecht zuende.

5. Kommt, wir fahrn in die Zukunft zurück
   Erkennt sich nicht jeder in jedem?
   Ein Abel sagt dann zum andern nicht: Kain!
   Die Mauern falln in die Gräben hinein
   Und seltsam offen ist Eden.

Aus: Siegfried Macht, Daß Frieden werde. Kleine Lieder zu großen Themen, Don Bosco Verlag, München 1984; auf: Der Brotbaum blüht, MC zum Liederbuch „Daß Frieden werde", Kirchliche Verwaltungsstelle, Münchehäger Str. 12, 31547 Rehburg-Loccum.

M 13

1. Suche Forsetzungen für den Satz:
   Das Himmelreich ist wie .....
2. Tausch dich mit den anderen aus: Haben die meisten den Himmel mit einer Landschaft verglichen, einer Zeit, womit sonst?
   Womit vergleicht ihn der folgende Liedtext nach einem Gleichnis Jesu?

Einem Hausherrn gleicht der Himmel

Text und Musik:
Siegfried Macht

Nach drei Stunden ging er wieder,
sah am Markt noch andre stehn
und versprach ihnen, was recht ist,
wenn auch sie zum Weinberg gehn.

Und so ging er auch zur sechsten
und zur neunten Stunde aus ...
Fast getan war nun die Arbeit
in dem Weinberg nah am Haus.

Doch am Markte stand noch immer
mancher ohne Arbeit rum.
Und der Hausherr nahm auch diese,
und die Männer eilten stumm.

Als es Abend dann geworden,
zahlte er die Leute aus,
und er rief duch den Verwalter
erst die Letzten in sein Haus.

Und für eine Stunde Arbeit
gab er ihnen den Denar.
Und so ging es immer weiter,
bis man bei den Ersten war.

Diese aber murrten lauthals,
denn sie hofften nun auf mehr.
Und sie sprachen: Sieh, wir litten,
jene aber gar nicht sehr ...

Doch der Hausherr sprach zu einem
unter ihnen: Freund, ich hab
dir, was ausgemacht, gegeben,
wie ich's auch den andern gab.

Doch der Hausherr sprach zu einem
unter ihnen: Freund, ich hab
dir, was ausgemacht, gegeben
wie ich's auch den andern gab.

M 13

3. Erinnere dich: Welche Menschengruppen aus der Zeit Jesu kennst du?
4. Wem und warum könnte Jesus dieses Gleichnis erzählt haben? Wo können die Leute sich im Gleichnis wiederfinden? Sind unterschiedliche Reaktionen denkbar (je nachdem, mit wem man sich identifiziert)?
5. Ist die beschriebene Haltung realistisch? Passiert Vergleichbares ständig, nie, manchmal?
6. Welcher der folgenden Sätze paßt deiner Meinung nach besonders gut zu dem Gleichnis:
   - Jedem, was recht ist.
   - Allen das gleiche.
   - Jedem das seine.
   - Jeder bekommt, was er braucht.
7. Wenn Jesus das Gleichnis heute unter uns erzählt hätte, welches Beispiel, welche Handlung hätte er wählen müssen, um dich anzusprechen? Wer kommt darin vor: Jugendliche, die sich zum ersten und andere, die sich zum 20. Mal um eine Lehrstelle bemühen? Solche, die ihre Hausaufgaben nie oder immer machen? Oder eine(r), die/der nie oder immer Glück in der Liebe hat ...? Wie geht deine Geschichte aus, kannst du sie aufschreiben?

M 14

Vom Senfkorn

Der Himmel gleicht
einem Senfkorn:
Der kleinste der Samen

wird gesät
geht auf
und wächst und

wird wie ein Baum
in dem die Vögel
Wohnung finden.

Wir aber kennen
ihn nur
aus der Tube.

Aus: Siegfried Macht, Dein Name ist Dubistbeimir, Kirchl. Verwaltungsstelle, Münchehäger Str. 12, 31547 Rehburg-Loccum, Rechte beim Autor.

M 15

Die folgende Geschichte könnt ihr in einem Schulgottesdienst oder vielleicht auch beim nächsten Schulfest nachspielen. Zuerst laßt ihr im Publikum ein paar Zettel und Bleistifte kreisen, mit der Bitte, aufzuschreiben, was man sich von Gott wünschen würde, wenn der für eine Wunsch-Sprechstunde kurzfristig zur Verfügung stünde.

Dann spielt ihr die kleine Handlung wie einen Sketch und lest an der entsprechenden Stelle einige der Zettel vor.

Ein junger Mann hatte einen Traum

Er betrat einen Laden.
Hinter der Ladentheke sah er einen Engel.
Hastig fragte er ihn:
„Was verkaufen Sie, mein Herr?“
Der Engel gab ihm freundlich Antwort:
„Alles, was Sie wollen.“
Der junge Mann sagte:
„Dann hätte ich gerne:
das Ende der Kriege in aller Welt,
immer mehr Bereitschaft, um miteinander zu reden,
Beseitigung der Elendsviertel in Lateinamerika,
Ausbildungsplätze für Jugendliche,
mehr Zeit der Eltern, um mit ihren Kindern zu spielen,
und, und ...“
Da fiel ihm der Engel ins Wort und sagte:
„Entschuldigen Sie, junger Mann,
Sie haben mich verkehrt verstanden.
Wir verkaufen keine Früchte hier,
wir verkaufen nur den Samen.“

Aus: Prospekt des Katholikentages, Berlin 1980.

1. Welches der folgenden Sprichworte paßt am besten zur Erzählung? Begründe deine Meinung, es sind mehrere möglich!
   a) Morgenstund hat Gold im Mund.
   b) Ora et labora! (lateinisch: Bete und arbeite!)
   c) Gott gibt die Kuh, aber nicht den Strick dazu.
   d) Es ist nicht alles Gold, was glänzt.
   e) Gott gibt die Nüsse, aber er bricht sie nicht auf.
   f) Was lange währt, wird endlich gut.
2 Kennst du weitere Erzählungen, die Ähnliches sagen?
3. Greife dir einen der möglichen Samen aus der Geschichte und euren Ergänzungen heraus. Zeichne sein Wachstum in einem Mini-Comic „Wie ________ wachsen kann.“

M 16

1. Male eine Bildergeschichte, in der dieses Bild vorkommt. Klebe es an der entsprechenden Stelle ein. Du kannst deine Geschichte auch noch ändern, die Bilder ausschneiden, andere Reihenfolgen ausprobieren ...
2. Wenn du fertig bist: Klebe die endgültige Reihenfolge auf, und gib deiner Bildgeschichte eine Überschrift.

1.	**2.**
3.	**4.**

René Magritte (1898–1967), Der Stuhl, 1950; Sammlung von Dr. Emilio Cavazza, Rom/Bridgeman Art Library, London; © VG Bild-Kunst, Bonn 1996.

4 Diakonie – Wer ist mein Nächster?

1. Theologische und didaktische Aspekte

Die Diakonie in der Gegenwart, so heißt es z.B. in der Präambel der Satzung des Diakonischen Werkes der hannoverschen Landeskirche, versteht sich als Lebens- und Wesensäußerung der Kirche, der christlichen Gemeinde. Sie ist Zeugnis von Gottes Liebe in der Welt und bemüht sich um das Wohl und Heil des Menschen. Sie nimmt sich besonders der Menschen in Not- und Konfliktsituationen an, gewährt ihnen Beratung und Hilfe und sucht die Ursache von Notständen zu beheben. Sie gründet sich auf das biblische Zeugnis, gewinnt hier ihre Motivation zum Handeln und setzt in ihrer ganzheitlichen Hinwendung zum Menschen Zeichen der Liebe Gottes in der Welt.

Obwohl Diakonie die persönliche Angelegenheit jedes einzelnen Christen ist, liegt sie nicht im alleinigen Verantwortungsbereich des einzelnen, sondern ist Sache der christlichen Gemeinschaft, der christlichen Gemeinde. Diakonie ist nicht das Ergebnis der Liebestätigkeit einzelner Christen bzw. vieler einzelner Christen. Sie ist Ergebnis der Liebestätigkeit einer geordneten Gemeindeverantwortung und ist so eine Antwort der Gemeinde auf die Anrede durch das Wort Gottes. So ist die Diakonie als Lebens- und Wesensäußerung der christlichen Gemeinschaft die notwendige Existenzform und konstitutive Sozialgestalt der Kirche.

Jesu Hilfehandeln begründet ein eigenständiges *Recht der Diakonie* jenseits des religiösen Rechtes und der Gesetze politischen Handelns. *In Jesu Diakonie* verbindet sich das Interesse am einzelnen Menschen mit der Verkündigung der Gottesherrschaft. Damit taucht die Diakonie in die Zukunft des Reich Gottes ein, das mit der messianischen Sendung Jesu (Lk 4,18f) in der Geschichte schon begonnen hat. So wird Diakonie ohne die Reich-Gottes-Perspektive zur ideenlosen Liebe, die nur kompensiert und wiedergutmacht, während die Reich-Gottes-Hoffnung ohne Diakonie zur lieblosen Utopie wird, die nur fordert und anklagt. Das Wissen um das Reich Gottes, wie es durch Jesus Christus auf Erden anbricht, ist die Triebfeder der Diakonie und des diakonischen Handelns.

So strittig die Frage nach der Verwirklichung des Reiches Gottes auf Erden auch immer sein mag: Wer von der Zusage Gottes für seine Welt gehört hat (Offb 21), wer die Zeichen und Wunder, die geschehen sind, kennt (Mt 11,5), der ist zum Handeln in der Welt aufgerufen. Gleichgültigkeit hilft hier nicht weiter. Unüberhörbar ist die Aufforderung Jesu an seine Jünger: *Geht aber und predigt und sprecht: Das Himmelreich ist nahe herbeigekommen. Macht Kranke gesund, weckt Tote auf, macht Aussätzige rein, treibt böse Geister aus.*

Umsonst habt ihr's empfangen, umsonst gebt es auch (Mt 10,7f).

Die Verkündigung vom Reich Gottes ist also verknüpft mit sichtbaren Zeichen und einem sichtbaren Handeln in der Welt. Auch wenn von diesem Handeln die Verwirklichung des Reiches Gottes nicht abhängt, so ist dieses Handeln doch notwendiges Tun der Menschen, die sich von dieser Botschaft ansprechen lassen.

Dieser Gedanke kommt auch durch das Doppelgebot der Liebe (Lk 10,25–28; Mt 22,34–40; Mk 12,28–31) zum Ausdruck, das in der lukanischen Fassung eine Einheit mit der Erzählung vom barmherzigen Samariter (Lk 10,29–37) bildet. Hier sind die Gottesliebe und die Nächstenliebe aufs engste miteinander verknüpft. Sie sind beschrieben als notwendiges Tun, um das Ewige Leben zu ererben („Tue das, so wirst du leben!" [Lk 10,28b]).

Mit der unmittelbar anschließenden Erzählung vom barmherzigen Samariter wird bei Lukas verdeutlicht, was Nächstenliebe bedeutet: Es geht im Liebesgebot darum, sich durch erbarmende Hilfe als „Nächster" zu erweisen und Barmherzigkeit zu üben (Lk 10,36.37). Diese Hinwendung zu seinen Mitmenschen als unmittelbar „Nächster" ist keine Überforderung, sondern wird gemessen an den eigenen zur Verfügung stehenden Kräften. Denn der helfende Samariter leidet nicht unter einem „Helfersyndrom", sondern trennt sich recht bald auch wieder von dem Opfer der Räuber, nachdem er die weitere Versorgung sichergestellt hat. Aber, und das ist in dieser Geschichte entscheidend: Er wurde dem Zusammengeschlagenen zum Nächsten. Hier ist der „Nächste" nicht Adressat der helfenden Liebe, sondern ihr Subjekt. Es findet auch keine Herablassung statt, sondern beide, der Samariter wie der Zusammengeschlagene, begegnen sich auf der gleichen Ebene als „Nächste", wenn auch in unterschiedlichen Rollen als Helfer und Hilfsadressat.

Darüber hinaus findet auf diese Weise auch die Begegnung mit Gott statt. Die sechs Werke der Barmherzigkeit (Mt 25,31–46) machen deutlich, daß sich Jesus mit den armen, verfolgten, bedürftigen und benachteiligten Menschen identifiziert. Was einem von diesen geringsten Brüdern getan wird, das wird ihm getan (Mt 25,40.45). Ein Kriterium, das nach Matthäus eine wichtige Rolle im kommenden Weltgericht spielt (Mt 25,31f).

Von daher ist Diakonie eine Form des Handelns der Gemeinde im Horizont des Reiches Gottes. So kann sie als heilende und handelnde Gemeinschaft mithelfen, die sozialen Leiden der Isolation, Verachtung und Entfremdung zu überwinden. Sie schafft so die Voraussetzung für die Heilung bzw. Linderung psychischer Leiden, indem die Glieder dieser Gemeinschaft ihren Mitmenschen zu Nächsten werden.

Leitend kann dabei die konsequente Anwendung des Dialogischen Prinzips Martin Bubers sein, in der sich Menschen auf der Subjekt-Subjekt Ebene begegnen, in der die Menschen in Solidarität zueinander finden und zu einem Handeln kommen, das vom Teilen statt vom Helfen als *Für-sorge* ausgeht, in der die Fähigkeit zur *Sympathie*, zum *Mit-leiden* ausgeprägt ist. Ein Handeln, das sich dem Leidenden zuwendet, ohne gleich alle Probleme lösen zu können, aber Hilfe ist, weil sie Anteil nimmt. Zugleich entsteht ein Handeln, in dem es nicht den Starken oder den Schwachen gibt, sondern nur Stärken und Schwächen in den Beziehungen untereinander. Eine so verstandene Diakonie macht Ernst mit der Nachfolge Jesu, weil sie sich dem Nächsten zuwendet. Sie lebt vom Engagement jedes/jeder Einzelnen, findet aber in der Gemeinschaft der Gläubigen statt und ist damit eine Gemeinschaftsaufgabe. Zentrales Anliegen dabei ist, dem Nächsten zum Nächsten zu werden.

Diakonische Themen kennen die Sch. oft aus ihrer eigenen Erfahrung. So nehmen sie z.B. die Nichtseßhaften auf der Straße wahr, hatten bereits Erlebnisse mit Behinderten oder kennen vielfach die Situation von alten Menschen in Heimen oder in der Pflege. Auch die Bereiche Suchterkrankung, Straffälligenhilfe, Asyl und andere Bereiche diakonischen Handelns werden wahrgenommen, auch wenn ihre Vorstellung häufig von den gängigen Klischees bestimmt ist.

Was fehlt, sind grundlegende Informationen über die Situation der jeweiligen Klientengruppe und über die diakonische Arbeit an ihr. Auch ist wenig klar, worauf sie sich gründet, welche Gedanken die Arbeit leiten und auf welchen Ebenen diakonisches Handeln ansetzt.

Die vorgeschlagenen Unterrichtssequenzen sollen der Lerngruppe auf spielerische Art und in einem lustvollen Rahmen das Thema nahe bringen. Gleichzeitig sollen Gesprächsmöglichkeiten eröffnet werden, in denen die Sch. Impulse zum weiteren „Nachdenken" erhalten. L. hat dabei über weite Strecken die Aufgabe der spielleitenden Moderation und steht mit Sachinformationen zur Verfügung.

2. Intentionen

Die Sch. sollen lernen,
- daß sich diakonisches Handeln aus der Bibel ableitet,
- daß es im Horizont des Reiches Gottes geschieht,
- daß es auf eine bessere Zukunft ausgerichtet ist,
- daß diakonisches Handeln eine Aufgabe jedes einzelnen Christen in der Gemeinschaft der Gläubigen ist,
- daß es in dieser Welt konkret geschieht, indem jeder Einzelne seinem Nächsten zum Nächsten wird.
- die eigenc Mitverantwortung für diakonisches Handeln und die eigenen Stärken im An-Teil-Nehmen und Mit-Leiden zu entdecken.

3. Literatur zur Vorbereitung

- Beyreuther, Erich: Geschichte der Diakonie und inneren Mission in der Neuzeit, Berlin 1983[3].
- Moltmann, Jürgen: Diakonie im Horizont des Reiches Gottes. Schritte zum Diakonentum aller Gläubigen, Neukirchen-Vluyn 1984, 1989[2].
- Philippi, Peter/Strohm, Theodor (Hg.): Theologie der Diakonie. Lernprozesse im Spannungsfeld von lutherischer Überlieferung und gesellschaftlichen Umbrüchen. Ein europäischer Forschungsaustausch. Veröffentlichungen des diakoniewissenschaftlichen Instituts an der Universität Heidelberg. Bd. 1, Heidelberg 1989.
- Röckle, Gerhard (Hg.): Diakonische Kirche. Sendung – Dienst – Leitung. Versuche einer theologischen Orientierung, Neukirchen-Vluyn 1990.
- Ruhfus, Martin: Diakonie – Lernen der Gemeinde. Grundzüge einer diakonischen Gemeinde. Ökumenische Studien Bd. 2. Hg. von U. Becker, G. Orth, K. Raiser, Rothenburg 1991.

4. Unterrichtsideen/Verlaufsplanung

A. Der barmherzige Samariter (Lk 10,25–37)

⇨ Tafelanschrieb als *stummer Impuls*: „Liebe Deinen Nächsten wie Dich selbst!" (Mt 22,39) Abwarten, wie die jeweilige Lerngruppe reagiert. Ggf. Provokation: „Alles klar? Na dann los!"
Ziel: Die Sch. sollen die Frage nach dem Nächsten (evtl. auch nach dem, was mit „Leben" gemeint ist) stellen, genau die Frage, die in Lk 10,29 die Erzählung vom barmherzigen Samariter einleitet. (Was soll ich wem, wann, wie, wo tun?)

⇨ Die Erzählung wird nun in Form eines *Rollenspiels* (**M 1**) behandelt. Die Rollenkarten bieten Anweisungen für eine Übertragung der Erzählung in die heutige Zeit. Dabei werden die biblischen Klischees (Priester, Levit, Samariter) durch moderne ersetzt. Der Reiz des Spieles besteht darin, daß die einzelnen Rollenspielgruppen vorher nicht wissen, welche Rollen die anderen Gruppen spielen. Erst ganz zum Schluß wird deutlich, daß eine biblische Geschichte gespielt wurde.

Materialbedarf: Kopierte Rollenspielkarten (s. **M 1**), Kreppapierbänder oder Klopapier, Karameltaler (oder Bonbons etc. als „Schatz").

Umgang mit den Rollenspielkarten (M1):
Zum Rollenspiel Lerngruppe in *drei gleich große Gruppen* einteilen. Jede Gruppe zieht eine *Rollenkarte* (**M 1**). Mit dieser Rollenkarte geht jede Gruppe in eine Ecke des Raumes. Der Inhalt der Rollenkarte ist jeweils für die anderen Gruppen geheim. L. geht von Gruppe zu Gruppe und steht für Rückfragen und Erklärungen zur Verfügung. Gruppe 1 werden *Kreppapierbänder* oder Klopapierstreifen ausgehändigt. Das sind die „Lebensfäden". Sie werden um den Arm gebunden. Verliert ein/e Spieler/in diese Lebensbänder, gilt er/sie als „verletzt" und darf sich nicht mehr wehren.
Gruppe 1 (Spaziergänger) bekommt zusätzlich einen „*Schatz*" zur Verwahrung ausgehändigt (z.B. Karameltaler oder andere flache Bonbons). Die Mitglieder dieser Gruppe müssen ihn bei sich tragen, dürfen ihn aber am Körper verstecken. *Gruppe 2* (Chaoten) wird von diesem „Schatz" unterrichtet. Ist der Schatz gefunden, darf die Gruppe 2 *ihn rauben* und „genießen" (... denn sie raubten ihn aus).
Die *Gruppen 1 + 2 beginnen mit dem Spiel.* Das Zeichen zum Start kommt vom/von der Unterrichtenden. *Gruppe 3* kann erst auftreten, wenn die Gruppe 1 + 2 ihre Aktion beendet haben.
Nach *Abschluß des Rollenspieles* Gelegenheit geben, daß jeder/jede Teilnehmer/in über das Spiel, über die jeweils eingenommene Rolle sowie über seine/ihre Erlebnisse, Empfindungen und Ängste sprechen kann. Frage vom Beginn der Unterrichtsstunde wieder aufnehmen: Wer ist mein Nächster? Ggf. Konfrontation mit den Beobachtungen vom Spiel.

B. Die 6 Werke der Barmherzigkeit (Mt 25,31–46)

Diese Unterrichtsstunde knüpft inhaltlich an die zentrale Frage der letzten Einheit an: Wer ist denn nun mein Nächster/meine Nächste? Hier geht es darum, zu begreifen, daß die Zuwendung als Nächster nicht nur dem Zusammengeschlagenen gilt, sondern nach dem biblischen Zeugnis vorbehaltlos *allen* gelten soll, die Zuwendung, Hilfe und Unterstützung benötigen. Behandelt werden die 6 Werke der Barmherzigkeit (Mt 25,31–46).

⇨ Ein *Puzzle* (**M 2**) bietet sich an, weil bei der Suche nach dem passenden Partner mit dem passenden Teil Begegnung stattfindet. Die Sch. müssen aufeinander zugehen und werden so untereinander zu ihren „Nächsten". Die Methode verbildlicht also bereits den Inhalt. Sollte die Lerngruppe Schwierigkeiten haben, hier aufeinander zuzugehen, kann auch diese Beobachtung thematisiert werden.

Materialbedarf: Vergrößerte und kopierte Bilder + Texte als Puzzleteile (s. **M 2**).

Der Umgang mit den Puzzleteilen (M 2):
Je nach Größe der Lerngruppe entweder ein, anderthalb, zwei oder mehr Puzzleserien anfertigen. Ein *vollständiges Puzzle* besteht aus 6 *Bildern* und 6 *Textkarten* (**M 2**). Jede Text- und Bildkarte wird in zwei Teile geschnitten (= 24 Teile pro Serie). Jedem Sch. ein Puzzleteil aushändigen.
Erste Aufgabe: die *zerschnittenen Puzzleteile* richtig *zusammensortieren.* Auf diese Weise finden sich Paare zusammen. Zweite Aufgabe: Die Paare müssen nun die richtigen *Texte* den richtigen *Bildern zuordnen.* Jetzt entstehen Vierergruppen. Danach können die Texte mit den passenden Bildern betrachtet werden.
Leitfrage: Wer ist auf den Bildern nun der jeweils Nächste? Worin besteht das jeweilige Werk der Barmherzigkeit? In welche Situationen kann jeder ebenfalls kommen? Welche Fähigkeiten sind für das Tun des jeweiligen Werkes der Barmherzigkeit notwendig?
Vertiefung: Der Volksmund kennt sieben Werke der Barmherzigkeit (Tote begraben)! – weitere Werke der Barmherzigkeit überlegen. Ggf. von jeder Gruppe ein weiteres Bild mit Textunterschrift anfertigen lassen.

C. Diakonisches Handeln in der Gegenwart

Anhand von sechs ausgewählten Bereichen der Diakonie soll exemplarisch diakonisches Handeln vorgestellt werden. Durch das Spiel werden die Sch. aufgefordert, bewußt einzelne Zielgruppen diakonischen Handelns wahrzunehmen. Dies geschieht auf dreifache Weise: Einmal soll die Situation der betreffenden Gruppe mit ihren spezifischen Problemen verstanden werden. Dann sollen professionelle Hilfsmöglichkeiten erfaßt werden, wie sie z.B. durch die Fachdienste der diakonischen Werke angeboten werden. Und schließlich wird die Lerngruppe angeregt, über die eigenen Hilfsmöglichkeiten in Alltagssituationen nachzudenken.

⇨ *Das Kronenkreuzspiel*
Materialbedarf: Spielplan und Spielkarten (**M 3/4**), 1 Würfel, 3 Spielsteine (Pöppel).

Spielvorbereitung:
Die *3 x 6 Piktogrammkarten* (**M 3** dreimal kopieren) so auf dem Spielplan (**M 5**) verteilen, daß jeweils *eine Serie Piktogramme* (= 6 Piktogramme) zwischen den Startfeldern (gezackte Kreise) *auf die quadratischen Felder* gelegt werden. Das heißt: in der „Krone" und um den linken und rechten „Kreuzbalken" kommt je eine Serie Piktogramme in beliebiger Reihenfolge zu liegen.
Die *Frage und Aufgabenkarten* (**M 4**) mit dem gleichen Piktogramm auf die jeweils entsprechenden Felder für die Frage- und Antwortkarten legen. So entstehen *6 Stapel mit je 3 Karten.* Die Reihenfolge innerhalb eines Stapels kann beliebig sein. Die Fragen und Aufgaben können aber auch unter didaktischen Gesichtspunkten vorsortiert werden (s. unten!).
Die Unterrichtsgruppe in *drei gleich große Gruppen* aufteilen. Jede Gruppe erhält eine Spielfigur, die auf einen der gezackten Kreise gesetzt wird. Das sind die jeweiligen *Startfelder.*

Spielverlauf:
Die Gruppe, die die höchste Augenzahl würfelt, beginnt. Kommt eine Gruppe mit ihrer Spielfigur durch Würfeln auf ein Piktogramm, nimmt sie das erwürfelte Piktogramm vom Spielplan. Anschließend hebt sie die oberste Frage-/Aufgabenkarte vom Stapel mit dem entsprechenden Piktogramm ab. Die Frage/Aufgabe wird nun laut vorgelesen und von der Gruppe beantwortet oder erfüllt. Die Gruppe darf die Frage-/Aufgabenkarte behalten, wenn die Frage/Aufgabe zur Zufriedenheit der anderen Gruppen gelöst wurde. Im Zweifel entscheidet der/die Spielleiter/in. Danach wird weiter abwechselnd im Uhrzeigersinn gewürfelt.

Spiel-Ende:
Das Spiel ist *beendet,* wenn alle Piktogramme „abgeräumt" sind oder der/die Spielleiter/in

das Spiel abbricht. *Gewonnen* hat die Gruppe, die die meisten Frage-/Antwortkarten in ihren Händen hält.

Zusatzinformationen zu den Frage-/Aufgabenkarten:
Zu jedem der sechs Piktogramme gibt es 3 Frage-/Aufgabenkarten. Diese liegen entweder in beliebiger Reihenfolge auf einem Stapel oder sind unter didaktischen Gesichtspunkten vorsortiert. Dabei empfiehlt es sich, mit den Fragen, die sich mit der Situation der jeweiligen Piktogrammgruppe befassen, zu beginnen. Anschließend die Fragen nach professioneller diakonischer Hilfe stellen und zuletzt die Anweisungen zum kleinen Stegreifspiel behandeln. Die Anweisungen dazu greifen Alltagssituationen auf, die die Sch. kennen und in denen *diakonisches Handeln* gefragt ist und eine geeignete Lösung gefunden werden muß. Mit den Methoden des Rollenspieles lassen sich hier auch für eine Situation mehrere Lösungen finden.
Natürlich besteht auch die Möglichkeit, zu jedem Piktogramm eine eigene Frage- oder Aufgabenstellung zu formulieren. Hierzu ist zu jedem Piktogramm eine frei zu gestaltende Spielkarte beigegeben.

D. Wort und Tat: Zwei Säulen derselben Sache

⇨ Auflegen des Wortspiels (Permutationstext) *GEBET-gebet* (**M 6**) als Folienkopie (evtl. die Titelzeile „Vom Hauptwort zum Tuwort" vorerst verdeckt halten). Sammeln spontaner Assoziationen und Deutungen.

⇨ Lesen des Textes Apg 6,1–7: Einsetzen von Diakonen, da die Apostel durch die Doppelfunktion von Predigt und Diakonie, von Wort und Tat, überfordert waren.

⇨ Rückkoppelung des Textes an das Wortspiel, vertiefte Interpretation: Gebet und Geben, Wendung zu Gott und dem Nächsten, Mission und Diakonie bedingen sich gegenseitig, sind zwei Seiten derselben Sache (dem entspricht die Buchstabengleichheit im Wortspiel). Evtl. Erinnerung des mönchischen Wahlspruches „ora et labora" und seiner volkstümlichen Übersetzung mit „Bete und arbete!"

E. Verantwortung (nicht) weiterreichen

⇨ Wir stellen uns *in den Kreis*. Keine Angst: Das wird kein Kinderspiel! Im Gegenteil: Eine Art Reaktionstest für Pokerfaces. Also nichts verraten, wenn jemand den Clou schon vorher weiß.
Wir strecken unsere linke Hand zur Mitte aus, Innenfläche nach oben, als wollten wir etwas empfangen.
Jetzt legen wir unsere Rechte in die ausgestreckte Linke unseres rechten Nachbars. Das ist die Verantwortung für etwas Unangenehmes, wir wollen sie schnell loswerden. Ich zähle bis drei, danach klatschen wir sie blitzschnell in die Hand unseres linken Nachbarn: 1–2–3-ZACK!!!
Wenn alle gleich schnell waren, hat jeder wieder, was er loswerden wollte: Jede(r) hat seine eigene linke getroffen. Verantwortung läßt sich nicht einfach weitergeben ...

⇨ Die Spielidee läßt sich mit der Fortsetzung des Spiels zum Lied *Nicht, daß niemand wüßte* (**M 7**) vertiefen. Der Lied-/Kanontext verbalisiert die zugrundeliegende Erfahrung in einem grammatisch verschränkten Satzgebilde, das sich in sangesunkundigen Klassen auch als RAP rhythmisch sprechen läßt.
Dazu stehen wieder alle im Kreis, Handhaltung wie oben beschrieben. Jetzt aber läuft ein Klatscher reihum durch den Kreis (wie die Welle im Fußballstadion). Clou: Wessen Hand zur letzten Silbe („gut") den Klatscher erhalten würde, der darf die Hand wegziehen – er ist eben nicht „gut", weil's der Nachbar auch nicht ist. Danach beginnt der „Gewinner" dieses kleinen Duells um abgeschobene Verantwortung die nächste Klatsch- und Sing- oder Sprechrunde. In der „Wettkampffassung" müßte der „Verlierer" ausscheiden, und es

wird geklatscht, bis nur noch vier Oberdrükkeberger übrig sind. (Gewonnen hat, wer die Hand des Nachbarn erwischt oder eben der, wenn er sie rechtzeitig weggezogen hat.)
Eine Tonträgereinspielung des Liedes findet sich auf der MC „Der Brotbaum blüht" (Bestelladresse: Kirchl. Verwaltungsstelle, Münchehäger Str. 12, 31547 Rehburg-Loccum)

⇨ Schlußreflexion: Läßt sich Nächstenliebe delegieren? Sind „wir aus dem Schneider", weil wir ja für alles „unsere Leute haben"?
In diesem Zusammenhang ist es noch einmal wichtig, daran zu erinnern, daß der Samariter eben nicht vom „Arbeiter-Samariter-Bund" und deswegen quasi „von Haus aus" für Hilfeleistung zuständig war, sondern als Mann aus Samaria zu einer verachteten Volksgruppe (weil mit anderer historisch-religiöser Entwicklung) gehörte.

F. Der ferne Nächste – der Fernsehnächste?

⇨ Ausgabe des Gedichtes *Vorübergehend* (**M 8**), Wiedergabe des Inhaltes: Ein Bild wie aus der Tagesschau wird vor Augen geführt.
Gespräch über Sensationsgier, Medientrubel; mangelnde Hilfeleistung, wenn daraus kein Profit zu schlagen, wenn nichts werbewirksam zu nutzen ist, kein Spektakel die Einschaltquoten erhöht.
Ist die Perspektive aus dem Fernsehsessel oder die des Hilfeleistungen erschwerenden Gaffers am Unfallort die einzige, die wir kennen ...? Welche biblische Erzählung korrespondiert dem Gedicht? Wie geht es in der Bibel weiter, wie hier (möglicherweise) ...?

⇨ Abhören des Kanons *Tränen abwischen* von der Musikcassette „Wenn die Nacht noch dunkel ist" (Leu Verlag, Bergisch Gladbach).
Inwiefern ist der Kanontext (**M 9**) eine Antwort auf die eben angerissenen Fragen? Übertragung des Bildes: Geht es nur um Tränen ...? Fazit: Das Modewort „Betroffenheit" hilft nicht weiter, Appelle im Religionsunterricht auch nicht, wird sich etwas ändern? Meint die Klasse, daß Unterricht sie verändert? „Wir können lieben, weil Christus uns zuerst geliebt hat" sagt die Bibel – läßt sich das vermitteln ...?

G. Superman und die Diakonie

⇨ Das gleichermaßen für den motivierenden Einstieg in die Unterrichtseinheit wie für den zusammenfassenden Abschluß geeignete Plakat des Diakonischen Werkes Bayern zeigt *Superman* mit dem Kronenkreuz der Inneren Mission, dem Emblem der Diakonie.
In der Regel wird das Plakat bzw. die Folienkopie (**M 10**) auf dem OHP als stummer Impuls je nach Stellung in der Einheit die unterschiedlichsten Resultate bringen und Vorwissen und Voreinstellungen zu Tage fördern bzw. zahlreiche Aspekte noch einmal Revue passieren lassen. Zusammen mit einigen noch nicht explizit zur Sprache gekommenen Aspekten, könnten folgende Bereiche angesprochen werden:

- Ist die Diakonie ein „Superman"? Muß man übermenschliche Kräfte haben, um helfen zu können? Wird der Diakonie zuviel aufgebürdet, wird sie mit „Super-Erwartungen" überfordert? Gibt es Helfer, die sich als „Superman" aufspielen (oder dem „Helfersyndrom" verfallen sind)?
- Geht es darum, auf einen „Superman" zu lauern, auf Wunder zu warten – oder muß man selbst aktiv werden? Sind es nicht die vielen kleinen Dienste der Funktionsträger, der Ehrenamtlichen und hoffentlich vieler, die einfach ihrem „Nächsten zum Nächsten" geworden sind, die das eigentlich Wunderbare sind? Entpuppt sich also bei näherem Hinsehen „Superman" als Diakonie, so wie er ja auch im Comic die Rolle des unscheinbaren Clark Kent spielt?
- Wer ist für mich ein „Superman"? Zwar hätte jede(r) gern Kraft und Flugkünste des Comic-Helden für sich – aber die Frage lautet bei näherem Hinsehen anders: Wie müßte ein anderer sein, den ich „super" finde? Das ist sehr abhängig davon, was ich gerade brauche: Suche ich jemanden zum Tanzen, Zuhören, je-

manden, der meinen Rollstuhl nicht nur aus Mitleid schiebt ...
Vielleicht denken wir uns einmal in die verschiedensten Rollen hinein und stellen uns die unterschiedlichsten „Supermans" vor ...

H. Kreative Fundgrube

⇨ *Collagen*
Auf der Basis von Fotos und Texten aus Zeitschriften, Zeitungen und Illustrierten werden Collagen erarbeitet (frei zum Gesamtthema, evtl. aber auch in arbeitsteiliger Gruppenarbeit zu je einem Werk der Barmherzigkeit). Evtl. werden eigene Ideen für solche Werke ergänzt (Schuldnerberatung wäre ein aktuelles aus der Sicht der Erwachsenen, was sehen die Jugendlichen?). Falls unsere Medien voller Hilfsbedürftiger aber ohne Hilfeleistende sind, so ist auch dies ein Ergebnis von eigener Dynamik ...

⇨ *Schreibwerkstatt*
Ausgehend von Mt 25,42–45 werden die Worte Jesu konkretisierend weitergeführt.
Eine gute Anregung sind die von Brot für die Welt im Arbeitsheft 81/82 vorgestellten Beispiele:
„Ich war hungrig und ihr habt meine Nahrungsmittel eurem Vieh verfüttert ...
Ich war hungrig, aber ihr habt aus Zuckerrohr und Maniok Treibstoff für eure Autos destilliert ...
Ich war hungrig, aber die Abwässer eurer Fabriken vergiften meine Fischgründe ..."
Je nach Vorkenntnissen (auch aus anderen Unterrichtsfächern) ergänzen die Sch., später werden andere Textanfänge gesetzt:
„Ich bin ein Gast gewesen, und ihr ..."

⇨ *Den geringen Bruder suchen*
Einzelne *Bilder sammeln* und mit korrespondierenden Bibelversen (s.o. „Ich bin hungrig gewesen" usw.) unterlegen: Ist weniger zeitintensiv als das Collagieren.

⇨ *Kartenspiele, Dominos ...*
Prospektmaterial der diakonischen Werke besorgen und in die verschiedensten Informationsphasen des Unterrichts einbeziehen. Darüber hinaus:
Piktogramme o.ä. für die Anfertigung von Kartenspielen nutzen, Quartette erstellen, Quizfragen u.ä. ableiten (Welchen Dienst stellt das Piktogramm dar?), Bilder und Lösungen bzw. anders zuzuordnende Texte zu Dominos zusammenstellen ...

⇨ *Piktogramme* selbst zeichnen, wobei das Strichmännchenprinzip einfacher ist als die Schablonen-Typen der professionellen Designer.

5. Das Thema in Schulbüchern und Unterrichtsmaterialien

- Gadesmann, Frieder u.a. (Hg.): Das Leben suchen. Religion 7/8. Diesterweg, Frankfurt a.M. 1989, S. 43–56.
- Hanisch, Helmut u.a. (Hg.): Kursbuch Neuausgabe 7/8. Diesterweg, Frankfurt a.M. 1991, S. 24–36.
- Kwiran, Manfred u.a. (Hg.): Glauben und Leben RS 7/8. Schroedel, Hannover 1989, S. 31–35.
- Veit, Reinhard/Köhler, Kurt (Hg.): Glauben heute. Schülerband 7/8. Schroedel, Hannover 1990, S. 138–148.
- Schulz, Anneliese (Hg.): Den Nächsten lieben – das Notwendige tun. Klett, Stuttgart 1989 (je 1 Heft und Stundenblätter).

6. Materialien und Medien

Dias

- Bretall, Manfred/Krüger, Ursula/Neumann, Hanspeter: Hilfe, Diakonisches Werk der Evangelischen Kirche im Rheinland, Düsseldorf o.J., 6 f. Dias.
- Die Werke der Barmherzigkeit, Bilder des Linzer Altares, Steyl-Medien, München o.J. (1985), 8 f. Dias.
- Habdank, Walter: Werke der Barmherzigkeit, Ev-AV-Mediendienst, Zürich 1994, Dias und Textheft.
- Meister von Alkmaar: Was aus dem Menschen werden soll, in: Dia Bücherei Christliche Kunst Band 5, Verlag am Eschbach, Markgräflerland 1982, Dias (zu den Werken der Barmherzigkeit).
- Tolstoi, Leo/Brn., Theodor: Wo Liebe ist, da ist auch Gott, Evangelische Zentralbildkammer, Kassel-Wilhelmshöhe o.J., 25 sw. Dias.
- Tusch, Luitgard/Jäger, Willigis: Christ ist man für andere, Bildpredigt 4, Missio, München o.J., 6 f. Dias.

Tonbilder

- Bock, Werner J.: Wohl denen, die barmherzig sind, Meditationen über die Werke der Barmherzigkeit, Studio-Union im Lahn Verlag, Lüneburg 1986, 19 f., 29 Min.
- Durst, Bernd/Niemz, Rüdiger: Frauen machen Kirche: Frauen. Hilfe!, Ton- und Bildstelle der Ev. Kirche in Hessen und Nassau Evangelische Zentralbildkammer, Frankfurt/ Bielefeld (1992), IV/1992, 43 f., 13 Min., Textheft.
- Engelmayr, Ernst: Leuchtet aus mir solches Licht?, Bild- und Tonstudio Ernst Engelmayr, Dillingen o.J., 50 f., 29 Min. (Nächstenliebe).
- Grosche, Gerhard: Die Fülle des Lebens ist Liebe, Eine Tonbildmeditation, Vita-Verlag, Rietberg o.J. (1988), 24 f., 40 Min. (zahlreiche biblische Bezüge).
- Im Dienst am Menschen: Das Kolpingwerk heute, Kolpingwerk, Köln 1988, 3 sw./74 f., 24'35".
- Kleefeld, Ralf: Kleiderhilfe. Tonbildreihe über das Spangenberg-Sozialwerk e.V., Amt für Medienarbeit der Ev. luth. Landeskirche Braunschweig o.J., 94 f., 32 Min.
- Rzitka, Johannes/Kleeberger, Augusta: Das „Pfarr-Asyl". Eine Gemeinde verändert sich, Steyl-Medien, München 1990, 50 f., 35 Min. (Asylanten, Gemeinde – Kirche).

Video

- Futterlieb, Hartmut: Das freiwillige soziale Jahr. Sehen, Hören, Helfen, Diakonisches Werk der EKD, 1994, Video, 20 Min., f., Dokumentation, Begleitmaterial.
- Kaute, Wilhelm: Notwendigkeit: Caritas in Deutschland, Katholisches Filmwerk, Frankfurt 1989, Video, 45 Min., f., Dokumentarfilm.
- Quist, Harald: Abseits. Gedanken zur Diakonie, Matthias-Film, Diakonisches Werk der EKD, 1992, Video, 14 Min., f., Dokumentation, Textheft.
- Stripp, Peter/Schwarze, Hans-Dieter: Der Mann auf dem Dach. Ein Film zum Thema: Wer ist mein Nächster?, Calig Verlag, München 1974, Kurzspielfilm, 45 Min., Begleittext.
- Wichern – Revolution der Nächstenliebe. Matthias Film, Stuttgart o.J, Video, 30 Min., f., Dokumentation.

Umgang mit M 1–5

Benötigt werden ein Kopierer mit A3 Kopiermöglichkeit, evtl. buntes 120g-Kopierpapier, eine Schere, ein Klebestift, Buntstifte und ggf. selbstklebende Schutzfolie.

Die *Rollenspielkarten* (**M 1**) für die 1. Unterrichtsstunde müssen lediglich im A4 Format kopiert werden. Vor- und Rückseite liegen nebeneinander. Werden sie ausgeschnitten und zur Hälfte geknickt, dann liegen Vor-und Rückseite an der richtigen Stelle, ergeben eine Karte und können verklebt werden. Dabei darf nicht auf der Linie geschnitten werden. So bietet bereits normales Kopierpapier eine feste „Spielkarte" (besser ist jedoch 120g Papier!) Gleiches gilt für die *Frage- und Aufgabenkarten* (**M 4**) der 3. Unterrichtsstunde sowie für die *Piktogrammkarten* (**M 3**), wobei diese dreimal kopiert werden müssen.

Die *Puzzleteile* (**M 2**) für die 2. Unterrichtsstunde sind verkleinert abgedruckt. Sie lassen sich jedoch problemlos vergrößern, was den Umgang mit ihnen erleichtert. Anschließend so auseinanderschneiden, daß „Klient/in" und „Hilfsangebot" getrennt werden (vorgezeichnete Linien beachten!)

Zur besseren Handhabung alle Spielkarten mit Folie überziehen.

Auf dem *Spielplan* für das *„Kronenkreuzspiel"* (**M 5**) der 3. Unterrichtsstunde jeden der gezackten Kreise in einer anderen Farbe, entsprechend der Spielfigurfarben, ausmalen. Das Spiel auf einen festen Karton aufkleben und am besten mit Folie überziehen.

M 1

Gruppe 1 Geheim! Ihr seid eine Gruppe von Spaziergängern. Ihr bummelt durch die Straßen der Stadt. Ihr habt einen „Schatz", versteckt ihn bei euch. Bindet euch Kreppbänder um den Arm. Das ist euer Lebensfaden. Wer sein Band verliert, der muß sich auf den Boden fallen lassen, darf sich nicht mehr wehren, gilt als verletzt.	**Rollenkarte 1**
Ihr müßt dann solange warten, bis jemand kommt und euch neue Lebensbänder um den Arm bindet. Seid also auf der Hut. Ihr habt übrigens keine Waffen zur Verteidigung dabei. Das Zeichen zum START gibt die Spielleitung! Hinweis: „Schatz" + „Lebensfäden" erhaltet ihr von der Spielleitung.	

Gruppe 2
Geheim!
Achtung, verratet euch nicht schon vorher! Ihr seid eine Gruppe von Chaoten. In der Ecke des Raumes steht eine Gruppe von Spaziergängern, die gleich durch die Stadt bummelt. Die Gruppe hat einen „Schatz“ bei sich. Nehmt ihnen den ab. Ihr dürft ihn behalten und genießen.

Rollenkarte 2

Die Gruppe hat Kreppbänder um den Arm. Wenn ihr ihnen die abreißt, dürfen sie sich nicht mehr wehren. Beeilt euch, bevor die Polizei kommt oder Helfer einschreiten, tut aber niemandem ernsthaft weh.

Das Zeichen zum START gibt die Spielleitung!

Gruppe 3
Geheim!
Verratet nicht, wer ihr seid. Ihr werdet gleich Zeugen eines brutalen Überfalls. Teilt eure Gruppe in drei Untergruppen auf. Jede Gruppe zieht eine Zusatzkarte. Handelt dann so, wie dort angegeben.

3 Zusatzkarten

Rollenkarte 3

Das Zeichen zum START gibt die Spielleitung!

Ihr seid eine kleine **Gruppe mit Walkman**. Eure Musik ist echt Spitze. Außerdem könnt ihr den Leuten endlich einmal zeigen, was für dufte Klamotten ihr anhabt. Ihr wollt zur Tennisstunde. Und nun kommt ihr **als erste** an den Menschen vorbei, die gerade zusammengeschlagen wurden. Macht deutlich, wer ihr seid, und überlegt euch eine Ausrede, weswegen ihr ihnen nicht helfen könnt.	**Rollenkarte 3.1 (Zusatzkarte)**

Ihr seid eine kleine **Gruppe Helfer vom Roten Kreuz**. Ihr kommt gerade in eurem Krankenwagen vorbei. Ihr wollt schnell zu einem Lehrgang für Erste Hilfe. Ihr seid gut ausgebildete und viel gefragte Helfer. Nun kommt ihr **als zweite** an der Gruppe vorbei, die gerade zusammengeschlagen wurde. Macht deutlich, wer ihr seid, und überlegt euch eine Ausrede, weswegen ihr den Zusammengeschlagenen nicht helfen könnt.	**Rollenkarte 3.2 (Zusatzkarte)**

Ihr seid eine kleine **Gruppe von Asylanten**. Ihr freut euch, daß ihr nun endlich in einem Land leben könnt, das euch Schutz vor Verfolgung und Verbrechen bietet. Nun kommt ihr **als dritte** an der Gruppe vorbei, die gerade zusammengeschlagen wurde. Macht deutlich, wer ihr seid, und überlegt euch, wie ihr den Verletzten helfen könnt. Tip: Die Kreppapierfäden sind „Lebensfäden"!	**Rollenkarte 3.3 (Zusatzkarte)**

M 2

Ich bin hungrig gewesen, und ihr habt mir zu essen gegeben.

Ich bin durstig gewesen, und ihr habt mir zu trinken gegeben.

Ich bin ein Fremder gewesen, und ihr habt mich aufgenommen.

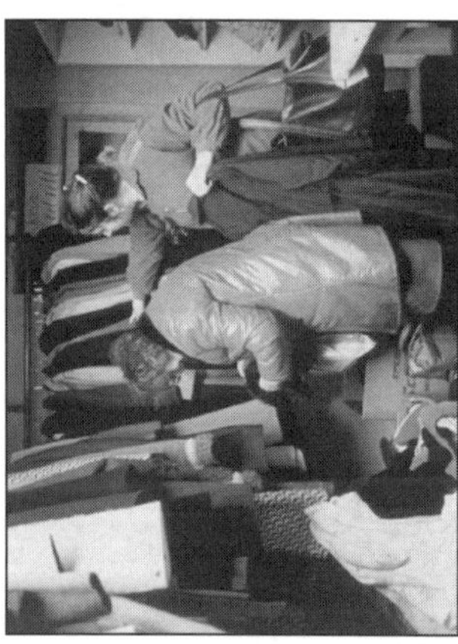

Ich bin nackt gewesen, und ihr habt mich gekleidet.

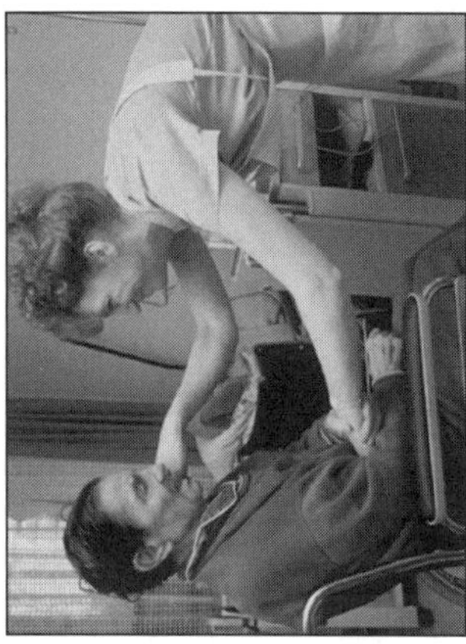

Ich bin krank gewesen, und ihr habt mich besucht.

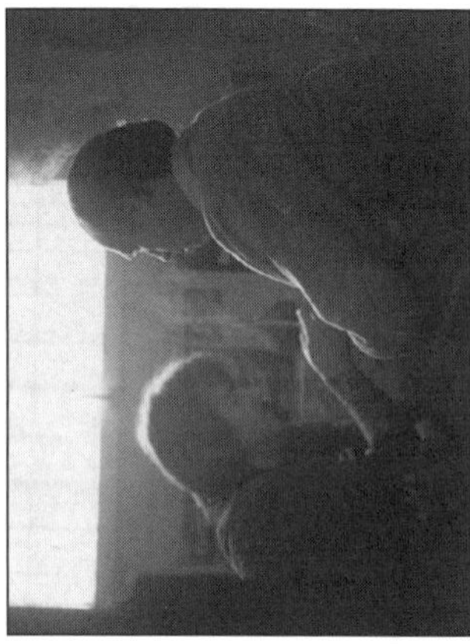

Ich bin im Gefängnis gewesen, und ihr seid zu mir gekommen.

Text: Lutherbibel, rev. Text 1984, mit Genehmigung der Deutschen Bibelgesellschaft, Stuttgart (Mt 25, 31–46); Fotos: Klaus G. Kohn, Braunschweig.

Piktogrammkarten

M 3

Karte auf-nehmen

Karte auf-nehmen

Karte auf-nehmen

Karte auf-nehmen

Karte auf-nehmen

Karte auf-nehmen

Alle Piktogramme: © Diakonisches Werk Bayern, Öffentlichkeitsarbeit, München, Gestaltung: Atelier Mertens, Nürnberg.

M 4

Frage- und Aufgabenkarten

Altenhilfe

Ergänzt den Satz:

Alte Menschen sind ...

Nennt ein Alten-/Pflegeheim in eurer Nähe. Wie leben die Bewohner und Bewohnerinnen?

Eine Freundin von euch wird im Bus von einem älteren Menschen gebeten, den Sitzplatz zu räumen und aufzustehen.

Spielt die Szene, und trefft eine Entscheidung.

Freies Feld für eigene Frage- oder Aufgabenstellung zum Thema!

Behindertenhilfe

Denkt euch jede(r) in einen Behinderten hinein: (Welche Behinderung kennt ihr?) Stellt euch einen Tag in seinem Leben vor, erzählt davon ...

Nennt Einrichtungen für Behinderte in eurer Nähe.

Euer Onkel ist bei euch Zuhause zu Besuch. Er sagt: „Behinderte sind nutzlose Esser. Die sollte man am besten ..."

Spielt die Szene, und antwortet ihm.

Freies Feld für eigene Frage- oder Aufgabenstellung zum Thema!

Hilfe für Asylbewerber

Nennt Gründe, weswegen Asylbewerber und -bewerberinnen ihre Heimat verlassen und in Deutschland und anderen Ländern Zuflucht suchen.

Überlegt euch, wie Asylbewerbern und -bewerberinnen geholfen werden kann.

Ihr sitzt mit euren Freunden und Freundinnen in einer Kneipe. Ein Asylant kommt mit einem Strauß Rosen an euren Tisch und will euch eine Rose verkaufen.

Spielt die Szene, und trefft eine Entscheidung.

Freies Feld für eigene Frage- oder Aufgabenstellung zum Thema!

Nichtseßhaftenhilfe

Nennt Gründe, weswegen jemand zum „Penner" wird.

Wie kann Nichtseßhaften geholfen werden?	

Ihr trefft einen „Penner", der fragt: „Haste mal 'ne Mark, eyh?" **Spielt die Szene, und trefft eine Entscheidung.**	

Freies Feld für eigene Frage- oder Aufgabenstellung zum Thema!

Straffälligenhilfe

Es hat geklingelt. Ihr habt die Tür geöffnet. Ein Mann sagt, er kommt aus dem Knast und bietet euch ein Zeitschriftenabonnement an. **Spielt die Szene, und trefft eine Entscheidung.**	

Ergänzt den Satz: **Straffällige sind ...**	

Überlegt euch, welches Hauptproblem Straffällige nach ihrer Haftentlassung haben?	

Freies Feld für eigene Frage- oder Aufgabenstellung zum Thema!

Suchtkrankenhilfe

Erklärt den Unterschied zwischen Konsum, Mißbrauch und Abhängigkeit.	

An wen können sich Suchtkranke wenden, wenn sie Hilfe haben wollen?

Ihr habt Ärger mit euren Eltern. Ihr trefft einen Freund. Der reicht euch eine Flasche Bier und sagt: „Komm, trink, das hilft."

Freies Feld für eigene Frage- oder Aufgabenstellung zum Thema!

M 5

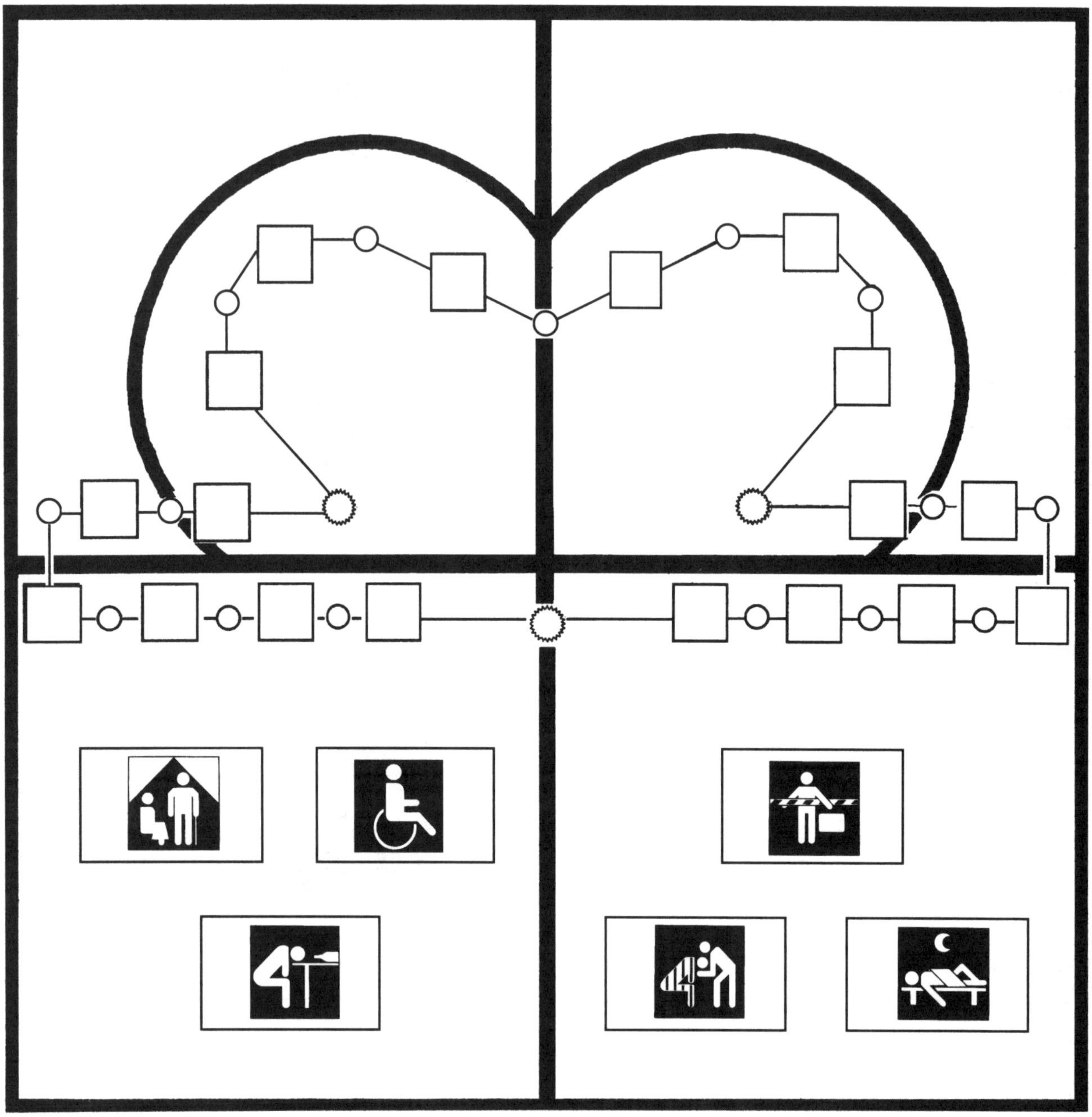

Das Kronenkreuzspiel. © Carsten Heinemann.

Die Abbildung oben zeigt das Endergebnis: Mit dem Kopierer die folgenden Abbildungen auf den Seiten 85–88 vergrößern (DIN-A3-Format auf DIN-A3-Papier), ausschneiden und zum oben darstellten Spielplan zusammenkleben. Noch einmal unser Tip: das Ganze mit Klarsichtfolie überziehen.

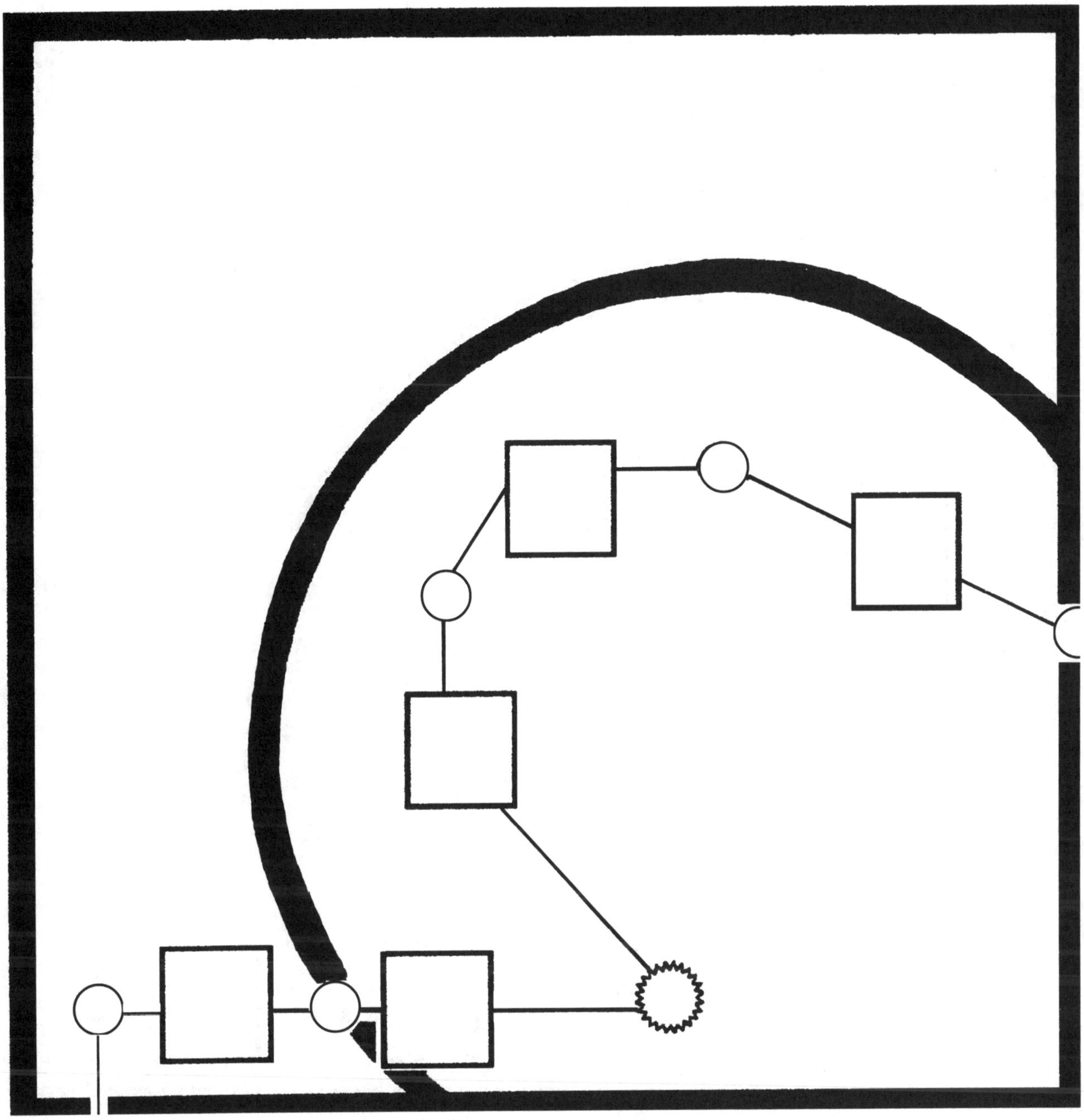

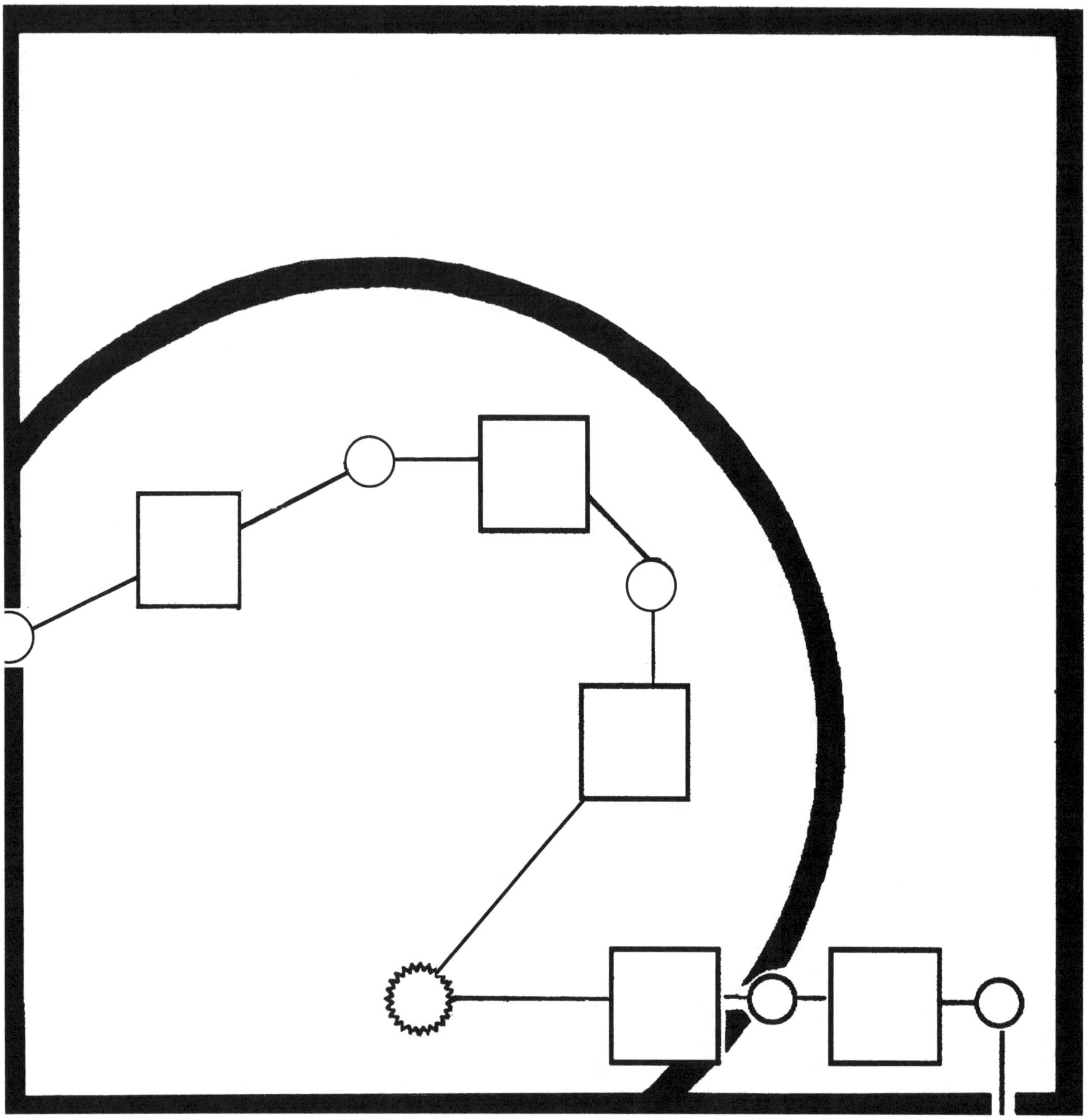

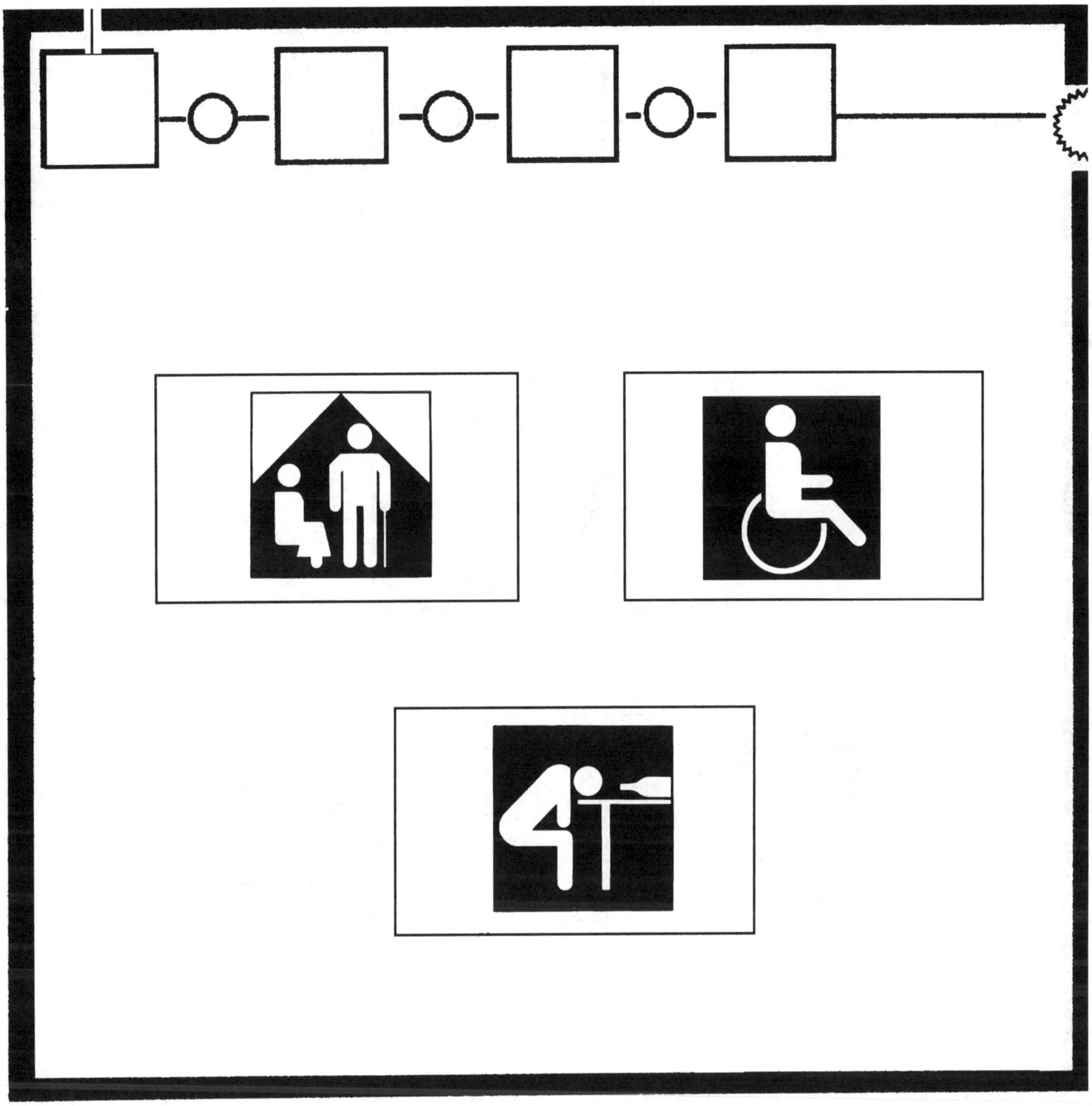

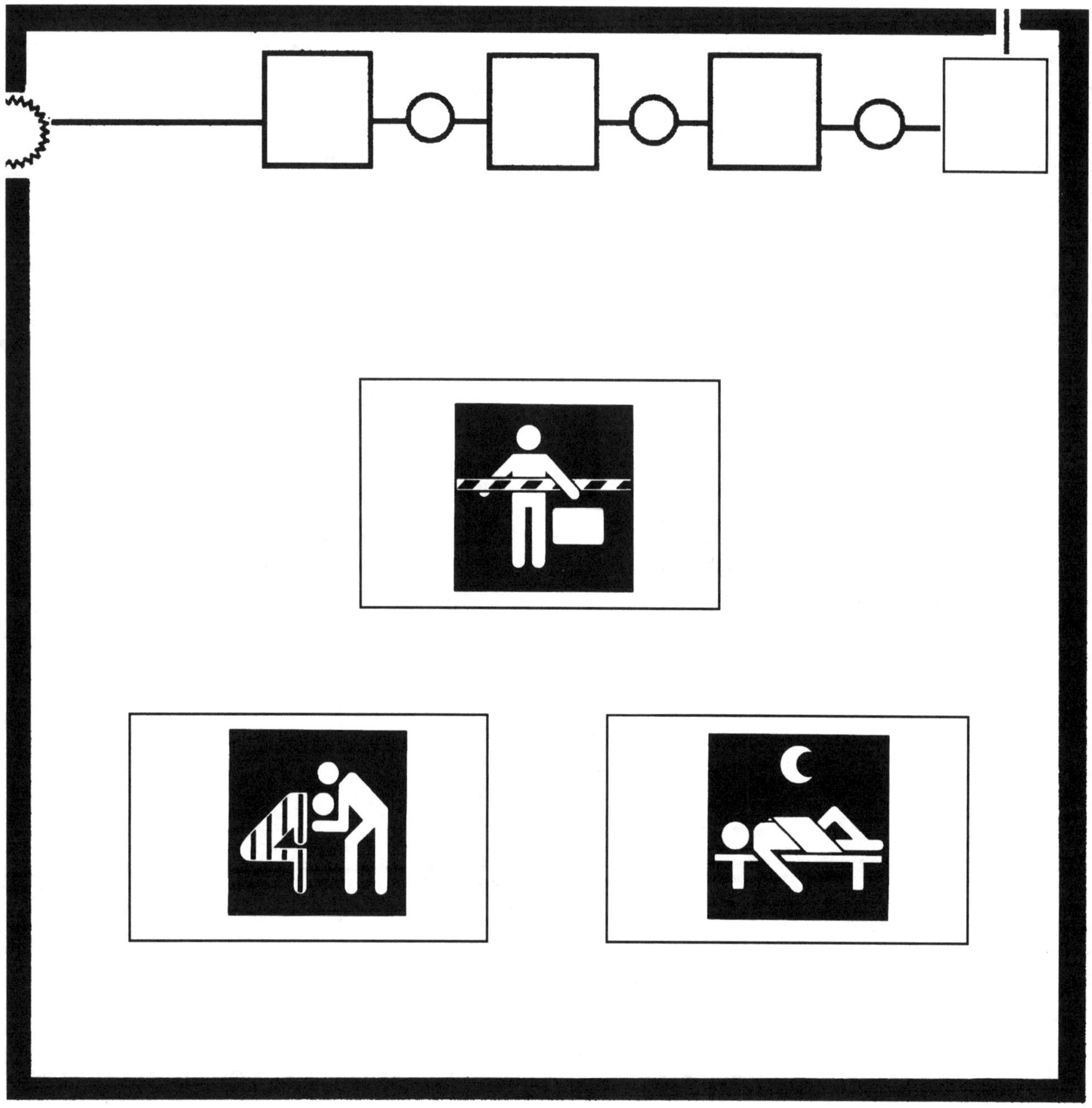

M 6

VOM HAUPTWORT ZUM TUWORT

G E B E T
G E B E t
G E B e t
G E b e t
G e b e t
g e b e t

Aus: Siegfried Macht, Dein Name ist DuBistBeiMir, Kirchliche Verwaltungsstelle, Münchehäger Str. 12, 31547 Rehburg-Loccum, Rechte beim Autor.

M 7

Nicht, dass niemand wüsste...

Kanon für 4 Stimmen

Text und Musik: Siegfried Macht

Aus: Siegfried Macht, Daß Frieden werde. Kleine Lieder zu großen Themen, Don Bosco Verlag, München 1984.

Ihr könnt den Text auch wie einen RAP rhythmisch sprechen. Vielleicht kann jemand dazu Gitarre spielen. Schon zwei Griffe (z.B. G-Dur und D-Dur) im Wechsel reichen ...

M 8

Gaffer sind Mörder

Hannover. Wieder einmal haben Schaulustige durch verantwortungslose Drängelei am Unfallort Polizei und Ambulanz an rechtzeitiger Hilfeleistung gehindert. In den frühen Abendstunden des 24.2. war ein Lieferwagen auf der Vahrenwalder Straße in Höhe der Stadtteilbücherei ins Schleudern geraten und gegen eine Straßenbahn geprallt. Noch vor Ei ... der Rettungsdienste war die Unfallstelle

VORÜBERGEHEND

beleuchtet
von tausend
Blitzlichern

beschrieben
in unserer
Zeitung

gesendet
von allen
Nachrichten

da liegt er
und zuckt noch

S. Macht

M 9

Tränen abwischen

Man kann Weinenden...
Kanon für 5-6 Stimmen

Text: Afrikanisches Sprichwort
Musik: Siegfried Macht

Aus: Siegfried Macht, Wenn die Nacht noch dunkel ist, Leu-Verlag, Bergisch-Gladbach 1993 (Notenheft und MC).

M 10

Diakonisches Werk Bayern, Öffentlichkeitsarbeit, München;
Design: Norman Hornfeck, Nürnberg.

5 Juden und Christen

1. Theologische und didaktische Aspekte

Jahrelang kann man sich mit dem Judentum beschäftigt haben, Israel er-„lebt" haben, und doch wird einen immer wieder das Judentum in Erstaunen versetzen, man wird Neues (Altes?), Unbekanntes entdecken. Das sollte aber niemanden entmutigen oder veranlassen, sich an dieses wichtige Kapitel des Religionsunterrichts nicht heranzuwagen. Dabei ist es selbstverständlich, daß es „das Judentum" ebensowenig gibt wie „den Islam" oder „das Christentum" – jede dieser Weltreligionen ist eine historisch und von geographischen, ethnischen u.a. Einflüssen geformte Größe. Bei jeder läßt sich zu bestimmten Aussagen auch jeweils das Gegenteil behaupten. Und doch erscheint es für den Unterricht legitim, Hauptlinien aufzuzeigen und diese an den (wo möglich) örtlichen Gegebenheiten aufzuzeigen.

Für den Unterrichtenden ist es wichtig, sich ein Basiswissen anzueignen, vor allem zu den Bereichen Geschichte Israels, jüdisches Brauchtum, Grundzüge jüdischen Glaubens, Vergleich Judentum – Christentum, Judenverfolgungen, Juden und Christen heute.

Das Judentum ist die älteste der drei monotheistischen Hochreligionen. Ein „Geburtstag" wie beim Christentum (Geburt Jesu bzw. Auferstehung) oder Islam (das Leben Mohammeds bzw. die Flucht nach Medina) läßt sich aber nicht festlegen: die Anfänge des Judentums verlieren sich in der Geschichte. Erste faßbare Daten sind die Väterzeit (18.–13. Jh.): Abraham, Isaak und Jakob, die Erzväter; aber auch diese sind historisch kaum zu fassen, müssen eher als Glaubensaussagen späterer Überlieferungen angesehen werden. Für diese Zeit wird angenommen, daß Gottheiten der Sippen bzw. Naturgottheiten (Bäume, Berge) verehrt wurden.

Erst die Mosezeit läßt sich genauer fassen: in Notzeiten wanderten die Nomaden nach Ägypten, verrichteten dort Zwangsarbeiten, konnten aber fliehen (Exodus). Nach der Wüstenwanderung erfolgte die Besetzung des Landes Kanaan, die man sich wohl eher als Unterwanderung und nicht als kriegerische Aktion vorstellen muß. Die verschiedenen Stämme wurden von „Richtern" geführt.

In der Königszeit (10.–6. Jh.) kämpfte das Volk Israel gegen die Philister. David einte die zwölf Stämme im zentralen Kult, im Glauben an den einen Gott. Sein Sohn Salomo errichtete den ersten Tempel, schrieb und ließ schreiben. Gott Jahwe wurde im Tempel verehrt als Unsichtbarer, im Allerheiligsten, in dem die Bundeslade stand, dem einfachen Gläubigen nicht zugänglich. Nach seinem Tod wurde das Nordreich durch die Assyrer erobert (722), durch Deportation der Oberschicht bzw. Ansiedlung von Fremden die Jahwereligion dort fast verdrängt (Problem der Samariter). Auch Juda, der Südstaat, hielt sich nur noch bis 597 (erste Deportation nach Babylon) bzw. 587 (Zerstörung des Tempels). Während dieser „Babylonischen Gefangenschaft“ bewahrten die Judäer ihre ethnische Identität; aber ohne den Tempel veränderte sich die Glaubenspraxis: es ging jetzt mehr um Gebote (z.B. Beschneidung), die Sabbatfeier, Wortgottesdienste (s. Priesterschrift). Schon hier gab es (fast) alle Elemente des späteren, 2000-jährigen jüdischen Lebens in der Diaspora: die Sehnsucht nach Jerusalem (s. Ps 137,1–6), das peinlich genaue Halten von Geboten, die die Juden von ihren (ungläubigen) Nachbarn trennten, die Auflösung im (fremden) religiösen Umfeld unmöglich machten, die aber auch Haß, „Antisemitismus“ hervorriefen.

538 erlaubte der Perserkönig Kyros die Rückkehr der Judäer, den Aufbau des Tempels (aus politischen Gründen). Es gab Streit zwischen den aus Babylon Zurückgekehrten (Rechtgläubigen) und den Assimilierten (vor allem Samaritanern). Das Judentum wurde in dieser Zeit zur Buchreligion, zwar noch nicht „kanonisiert“, aber doch in einzelnen Büchern (z.B. Propheten, 5 Bücher Mose etc.) fest. Für die weitere religiöse Entwicklung des Judentums war die Zeit des Hellenismus (Alexander der Große) und der Beginn der Herrschaft Roms (Herodes) eher unbedeutend, gekennzeichnet durch einen Verfall der Macht der Tempelpriesterschaft, gleichzeitig gewannen aber religiöse Gruppierungen (Sadduzäer, Pharisäer, Zeloten...) an Bedeutung. Juden sehen sowohl die Täuferbewegung als auch Jesus und die Christengemeinde in diesem Zusammenhang. So ist für Pinchas Lapide z.B. „Jesus, der Jude“. (Lapide, Pinchas, Ist das nicht Josephs Sohn? s. Literaturverzeichnis)

Die Zerstörung des Tempels durch die Römer, der Abtransport des Tempelschatzes (70 n. Chr.), die Deportationen, der Fall der Feste Masada (74 n. Chr.) bedeuteten für die Juden das Leben in der Diaspora (bis in die Neuzeit). Zwar gab es Zentren, die später als „Ghettos“ eine traurige Berühmtheit erreichten. Da wurden Synagogen errichtet, Schulhäuser, rituelle Bäder, Geschäfte, die koschere Lebensmittel verkauften, aber die Sehnsucht nach Jerusalem blieb.

Im 1.–2. Jh. wurde der Text der Tora (d. h. der 5 Bücher Mose) genau festgelegt, Kanonfragen diskutiert und entschieden. Daneben erlangte die „Mischna“ (= „mündliche Überlieferung“) mit ihren Bestimmungen für die Landwirtschaft, Feiern von Festtagen, Eheangelegenheiten (z.B. Scheidungsrecht) u. v. a. zunehmend Bedeutung.

Der „Talmud“ (= Studium, Lehre) entstand erst im 5. Jh. n. Chr. als Kommentar zur Mischna und zum Pentateuch. Eingang in dieses Werk fanden aber auch die Meinungen mittelalterlicher Rabbiner (z.B. Maimonides).

Im Mittelalter gab es Juden in Asien, Afrika und Europa. Das Ziel, eines Tages wieder nach Jerusalem zurückkehren zu können, war durch die Herrschaft des Islams in weite Ferne gerückt. Es gab verschiedene Strömungen (z.B. „sefardisches“ und „aschkenasisches“ Judentum); aber man verstand sich als Jude, als Mensch, der an Gott Jahwe glaubte und diesem Glauben sein ganzes Leben gab, Gebote peinlich genau befolgte, Verfolgungen erduldete, auch unter Leidensdruck dem Glauben nicht abschwor. So litten vor allem in Europa die Juden (nachdem der Islam zurückgedrängt war) und wurden Zielscheibe unmenschlicher Demütigungen, Folter und Tod.

Erst die Aufklärung (der Europäer und der Juden) ermöglichte ein (wenn auch eingeschränktes) Zusammenleben; judenfeindliche Äußerungen blieben. Obwohl in Deutschland immer mehr Juden dem Bildungsbürgertum angehörten (15 jüdische Wissenschaftler erhielten allein den Nobelpreis), 1933 nur 0,77% der Gesamtbevölkerung Juden waren, gelang es den Nationalsozialisten, Volksmassen gegen die Juden aufzuhetzen (Reichskristallnacht 9.11.1938). Gesetze nahmen den jüdischen Mitbürgern ihre Rechte (Nürnberger Gesetze 1935), der „Holocaust“ wurde 1942 „beschlossen“ (Wannseekonferenz). Die „Endlösung der Judenfrage“ war eine generalstabsmäßig geplante und durchgeführte Aktion mit Sammeln in Ghettos, Arbeitseinsatz unter unmenschlichen Bedingungen und Vernichtungslagern. Parallel zu diesem Antisemitismus gab es seit dem Ende des 19. Jh. eine Bewegung, die einen neuen Staat Israel gründen wollte (Theodor Herzl; Zionismus). Nach dem 1. Weltkrieg wurde Palästina britisches Mandatsgebiet, die Einwanderung von Juden wurde gefördert. Konflikte mit der arabischen Bevölkerung („Palästinenser") waren vorprogrammiert und bestehen bis heute. Die Proklamation des Staates Israel durch Ben Gurion 1948 löste den ersten Krieg aus, viele folgten (Sinai Feldzug; Sechs-Tage-Krieg; Jom-Kippur-Krieg): Anzeichen zur Entspannung gibt es seit 1977 (im Camp-David-Abkommen gesteht Ägypten Israel ein Existenzrecht zu). Ob die Friedensverhandlungen zwischen PLO (Palästinensische Befreiungsorganisation, Arafat), den arabischen Ländern (Syrien, Jordanien, Libyen, Ägypten) und Israel auf Dauer den Juden Frieden bringen, bleibt abzuwarten.

2. Intentionen

Die Sch. sollen
- Grundkenntnisse des jüdischen Glaubens und Lebens, aber auch der Geschichte erwerben.

Dadurch sollen sie lernen,
- vorurteilsfrei mit jüdischen Mitmenschen umzugehen und gegenüber intoleranten, antisemitischen Äußerungen Stellung zu beziehen.

3. Literatur zur Vorbereitung

- Baumann, Arnulf H. (Hg.): Was jeder vom Judentum wissen muß. GTB Sachbuch 788, Gütersloh 1991[6].
- Besser-Scholz, Birgit (Hg.): LebensZeichen. Ein Unterrichtswerk für den evangelischen Religionsunterricht in der Sekundarstufe I. Band 1, Vandenhoeck & Ruprecht, Göttingen 1988 (vor allem S. 220–250).
- Büchner, Frauke: Der Jude Jesus und die Christen. Vandenhoeck & Ruprecht, Göttingen 1993.
- Chagall, Bella: Brennende Lichter. rororo 1223, Hamburg 1994.
- Kirchhoff, Ilka: Jesus Christus. Arbeitshilfen Orientierungsstufe 1, Loccum 1994; Meine Religion – deine Religion. Arbeitshilfen OS 3, Loccum 1996 (erhältlich im: Religionspädagogischen Institut Loccum, Uhlhornweg 10–12, 31547 Rehburg-Loccum, Tel.: 05766-81-0).
- Lapide, Pinchas: Ist das nicht Josephs Sohn? Jesus im heutigen Judentum. GTB 1408, Gütersloh 1994[4].
- Lau, Israel M.: Wie Juden leben. Glaube – Alltag – Feste, Gütersloh 1988.
- Maier, Johann/Schäfer, Peter: Kleines Lexikon des Judentums, Stuttgart 1981.
- Prijs, Leo: Die Welt des Judentums. Religion, Geschichte, Lebensweise, München 1992[3].
- Schulz, Siegfried (Hg.): Stundenblätter/Materialien Christen und Juden. Sekundarstufe I. Ernst Klett Verlag, Stuttgart 1988.
- Then, Reinhold: Das Judentum, Regensburg 1994[2]. (Dieses Buch ist zusammen mit 45 Folien zum Judentum erhältlich bei dem: Religionspädagogischen Seminar der Diözese Regensburg, Niedermünstergasse 2, 93047 Regensburg, Tel.: 0941–5699238, Preis DM 29,–).
- Yonan, Gabriele: Weltreligionen in Berlin, Berlin 1993[2]. (Zu beziehen durch: Die Ausländerbeauftragte des Senats, Potsdamer Str. 65, 10785 Berlin, Tel.: 030 – 26542357, Preis DM 3,– in Briefmarken).
- Wiesel, Elie: Die Nacht zu begraben, Elischa. Ullstein 20823, Frankfurt a.M. 1990[3] (zum Thema Holocaust).

4. Unterrichtsideen/Verlaufsplanung

A. Marc Chagall, Weiße Kreuzigung

Im ersten Unterrichtsschritt sollten die Sch. Vorkenntnisse benennen, Vorurteile und falsche Informationen können so schon an dieser Stelle richtiggestellt werden.

⇨ Dazu bietet sich das komplexe Bild Marc Chagalls *Die weiße Kreuzigung* an. Dieses Bild liegt als Folie der Arbeitshilfe Orientierungsstufe 1, bei (Bestelladresse s. Literaturliste). Die Sch. können an Hand dieses Bildes erzählen, vermuten, entdecken, L. kann hinweisen, erklären. Methodisch könnte das so geschehen, daß man das Bild ca. 10 Sekunden über OHP zeigt, die Sch. aufschreiben läßt, was sie gesehen haben. Diese Details führen zu einem Unterrichtsgespräch. Wir stellen fest, daß uns viele Informationen fehlen und planen gemeinsam diese Unterrichtseinheit: was wollen wir wissen, welches Material muß beschafft werden, welche Informationen müssen eingeholt werden, und wer übernimmt welche Aufgabe.

Im Mittelpunkt des Bildes steht das Kreuz – nein, es scheint auf einer breiten Lichtbahn zu liegen. Das Kreuz, das den Juden so viel Leid brachte, Progrome, Verfolgungen. Jesus trägt einen Gebetsschal als Lendenschurz, er ist gekennzeichnet als frommer Jude. Über dem Kreuz schwebt ein Mann, ein Engel, der zu drei Personen redet, sie tröstet, ermutigt, denn sie fürchten sich. Das Kreuz hat die Form eines „T“, eine in frühchristlicher Zeit durchaus gebräuchliche Darstellung. Sie erinnert auch an den letzten Buchstaben des hebräischen Alphabets und damit an das Ende, den Schluß des Lebens. Über dem Kreuz und im Lichtschein um Jesu Kopf ist eine Schrift in lateinisch und hebräisch: „Jesus von Nazareth, König der Juden“.
Da lauern Soldaten, Menschen mit Knüppeln und Fahnen. Sie vernichten die Häuser, werfen die Möbel heraus, zünden die Häuser an, töten die Menschen.
Fliehen? Die Menschen versuchen es mit einem Boot, das wie eine große Nußschale aussieht. Seetüchtig ist es bestimmt nicht.
Ein alter Mann steht hilflos da mit einem Schild um den Hals gehängt. Auf diesem stand in deutscher Sprache: „Ich bin ein Jude.“ Chagall löschte die Schrift; jetzt ist es irgendeine Sprache oder ähnliche Formulierung, der „Text“ spricht jeden an.
Kann man weglaufen? Ein Mann versucht es und schützt dabei die Thorarolle mit seinen Armen. Ein anderer läuft zur anderen Seite aus dem Bild mit einem Sack auf dem Rücken. Sind Gebetsbücher darin? Gebetsriemen? Kerzenleuchter?
Ein Kerzenleuchter steht an zentraler Stelle des Bildes und verbreitet Ruhe, Licht: der siebenarmige Leuchter, Symbol des Judentums, zu Jesu Füßen. Der Lichtschein ist ähnlich geformt wie Jesu Heiligenschein. Beides ist dem Maler heilig: Jesus und die Menora.
Es gibt noch mehr jüdische Symbole im Bild zu entdecken: eine weitere Schriftrolle, die Löwen, die über dem Thoraschrein stehen, den Davidsstern, die Gesetzestafeln.
Sch. können noch mehr finden, erzählen: die Mutter, die ihr Kind schützt, die Leiter, die aus dem Feuer zum Kreuz führt ...

B. Besuch der Synagoge

⇨ Vor der Reichskristallnacht 1938 hatte jede deutsche Stadt (nicht nur große Städte, teilweise auch Dörfer!) (mindestens) eine Synagoge, ein Gebetshaus, einen Friedhof.
Heute sind nur noch in Großstädten Synagogen vorhanden, und es bedarf etwas Fingerspitzengefühl und Ausdauer, den Sch. einen *Besuch* dort zu ermöglichen. Adressen und Telefonnummern sind im Buch von Reinhold Then, S. 208–211, angegeben.

C. Die Bar-Mizwa-Feier

⇨ Das *Bild einer Synagoge* (Then, Folie 1, oder Kirchhoff, Arbeitshilfe 3, Folie M 5/6, oder Bildband) kann Gesprächsanlaß bieten, sich wieder einzufinden in Gesehenes, Erlebtes, Gehörtes.

Eines der wichtigsten Feste, das in der Synagoge gefeiert wird, ist die *Bar-Mizwa* (Then, Folie 12, oder Kirchhoff, Arbeitshilfe 3, Folie M 24). Das *Gespräch zwischen einem jüdischen und einem christlichen Jungen* (**M 1**) erklärt alle wesentlichen Elemente. Es bietet sich an, einen Vergleich ziehen zu lassen zwischen Konfirmation und Bar-Mizwa. Dazu könnte L. ein tabellarisches Arbeitsblatt erstellen (z.B. Alter, Vorbereitungszeit, Aufgaben bei der Feier, Bekleidung, Rechte und Pflichten in der Gemeinde ...). Besonders aktive Lerngruppen suchen „neue" Begriffe aus dem Text heraus und schreiben sie auf Karteikarten für eine *Lernkartei Judentum* (evtl. als Hausaufgabe).

D. Sabbat

An mehreren Stellen des AT (der „Hebräischen Bibel") wird darauf hingewiesen, daß der 7. Tag der Woche heilig ist, weil Gott nach der Erschaffung der Welt an diesem Tag ruhte. Viele Feste, die vom Wortlaut der Bibel her gefordert werden, werden von modernen Juden heute kaum noch beachtet (wie man das Gleiche von Christen sagen muß). Hier ist der Sabbat eine Ausnahme; deshalb soll (exemplarisch) an diesem aufgezeigt werden, wie jüdische Familien heute religiöses Leben wahrnehmen.

⇨ Das Lied *Öfter als wir den Feiertag gehalten haben* (**M 2**) kann in die Thematik einstimmen. Unmusikalische Lerngruppen bevorzugen vielleicht ein Bild (Then, Folie 35 o.ä.): Gott hat diese Welt geschaffen. Sie ist schön. Wir wollen einen Augenblick uns an dieser Schöpfung erfreuen.

⇨ Juden feiern den *Sabbat*. Ein Videofilm (z.B. Feste und Feiern im Judentum, s. 6. Medien) kann uns Einblick geben in das Erleben dieses wöchentlich gefeierten Festes. Alternativ kann das *Gespräch zwischen Victor und Marc* gelesen werden (**M 3**). Die beiden Schüler (Identifikationsfiguren?) sind den Sch. schon von der Bar-Mizwa-Feier her bekannt. Sabbat und Sonntag lassen sich vergleichen, Unterschiede werden benannt. Auch hier sollen „neue" Begriffe auf Karteikarten notiert und Erklärungen in Büchern nachgeschlagen werden.

E. Feste und Feiern im Lebenslauf und Jahreskreis

Von Bar-Mizwa und Sabbat war schon die Rede. In diesem Unterrichtsschritt sollen diese Feiern in den *Lebenslauf* bzw. den *Jahreskreis* eingebettet werden.

⇨ In Klassen, die Formen Offenen Unterrichts gewohnt sind, bietet sich hierzu Freiarbeit an: L. stellt das Material zur Verfügung, die Sch. bearbeiten es, stellen zusammen, präsentieren. Für den Lebenslauf könnte das Resultat eine *Wandzeitung* sein: Das Leben eines Juden von der Geburt bis zum Tod (**M 11–13**).

⇨ Für den Jahreskreis bietet sich die *Gestaltung eines Kalenders* für das gerade aktuelle Jahr an. Neben den jüdischen Festen könnten die christlichen aufgeführt sein, Vergleiche ließen sich herstellen (Unterrichtsgespräch). Sinnvoll ist auch die Eintragung der Geburtstage der Sch.: so wird es ihr Kalender (**M 4–10** und **14**).

F. Judenverachtung – Judenverfolgung

„Die Juden" wurden schon in den Evangelien, besonders bei Matthäus, als die, die schuld am Kreuzestod Jesu waren, hingestellt. Pharisäer waren Heuchler, der Hohepriester kommt in der Passionsgeschichte auch nicht gut weg. Antisemitismus wird besonders schlimm im Mittelalter: die Juden sollen schuld sein an der schwarzen Pest, Brunnenvergiftungen, man wirft ihnen vor, Kinder zu opfern. Die Judenvernichtung des 20. Jh., der *Holocaust*, erschreckte die Menschheit so sehr, daß man glaubte, nie wieder würden Menschen so etwas denken bzw. tun können. Und doch beobachten wir in Deutschland (und anderen Ländern) Judenfeindlichkeit, Judenwitze, Grabschändungen etc.

Dies muß mit Jugendlichen besprochen werden, sie müssen die (traurige) Geschichte des Judentums (wenigstens auszugsweise) kennenlernen. Allerdings besteht dabei die Gefahr, daß dieses Thema zu oft und zu weitschweifig im Unterricht behandelt wird. Eine Absprache mit den Fachlehrern Geschichte, Sozialkunde, Deutsch ist sinnvoll.

⇨ Ein *Bild* (z.B. **M 15**) kann Motivation für die Sch. sein nachzufragen, aber auch, ihnen Bekanntes zu berichten. *Berichte* von Menschen, die den Holocaust erlebten, sollten möglichst in deren Worten (Authentizität) gelesen werden (z.B. Elie Wiesel, Die Nacht zu begraben, Elischa, S. 17 f, dabei vor allem die Episoden zum Judenhaß, S. 61 Mitte – 62, aus dem Konzentrationslager und zum Empfinden der Beteiligten, S. 56). Alternativ kann ein *Film* gezeigt werden (z.B. Der gelbe Stern, s. 6. Medien). Die Arbeit an einem *Zeitungsbericht* (möglichst aus der Lokalpresse) kann Sch. zeigen, was Antisemitismus heute bedeutet, daß es ihn gibt, obwohl doch eigentlich jeder weiß, was im Nationalsozialismus passierte. Es wäre gut, wenn die Sch. in einem *offenen Leserbrief* an diese Zeitung Stellung nehmen würden.

G. Juden und Christen heute

Ganz vorsichtig nähern sich heutzutage wieder Christen den Juden, aber auch Juden den Christen. Jahrelang waren solche Begegnungen eine rein akademische Angelegenheit. Es gibt wieder mehr jüdische Gemeinden, Synagogen werden gebaut, Gottesdienste gehalten. Die jüdischen Gemeinden rechnen mit zunehmenden Mitgliederzahlen. So werden auch ganz normale Gespräche zwischen Juden und Christen möglich werden, vielleicht sogar mehr als nur friedliches Zusammenleben, eher ein Miteinander in nachbarschaftlichen Beziehungen, Vorurteile beider Seiten können abgebaut werden, jahrhundertalte Aggressionen verschwinden. Bilder von ausgemergelten Menschen in Sträflingskleidern wurden 1945 von russischen, amerikanischen und englischen Soldaten/Fotografen aufgenommen. (Die Gedenkstätte Bergen-Belsen, 29303 Loheide, Tel. 05051–6011 stellt z.B. solches Material zu Verfügung.) Unsägliches Leid wurde den Menschen zugefügt, viele überlebten nicht.

⇨ Die *Stuttgarter Schulderklärung* (**M 16**) ermöglichte erste Gespräche zwischen Juden und Christen. Heute gibt es viele *Beispiele von gelungener Zusammenarbeit*. Können Sch. von Städtepartnerschaften, Schüleraustausch u.ä. berichten? Hat L. Erfahrungen gemacht beim Synagogenbesuch oder einer Studienreise nach Israel?

⇨ Der Text *Juden, Christen und Muslime* (**M 17**) kann alternativ gelesen werden. Wer möchte, kann in einer *Kreativphase* die hier gewonnenen Erkenntnisse umsetzen: Zwei (bzw. drei!) Religionen aus einer Wurzel. Wir zeichnen, malen, kleben, applizieren einen Baum mit vielen Blättern, die menschliche Gesichter haben dürfen. Dieser Baum hat viele Wurzeln, aber eine ist besonders stark, das Judentum als Wurzel des Christentums.

H. Projektphase: Spurensuche

⇨ In diesem abschließenden Schritt sollen die Sch. Gesehenes, Gehörtes umsetzen, eventuell auch vor Ort *Spurensuche* betreiben: Wo war der jüdische Friedhof? Gab es hier ein Lehrhaus, eine Synagoge? Waren in der Stadt jüdische Geschäfte? Ohne Vorwissen sind solche Unterrichtsvorhaben häufig demotivierend, für Befragte peinlich. Ergebnisse des Projekts sollten *dokumentiert* werden als Buch, Zeitungsartikel, im Schaukasten der Schule oder ähnlich. Diese Phase ist wichtig, damit die Sch. das erarbeitete Material auch zeigen können, ihre Mühe bewertet wissen. In dieser Phase werden aber auch *Gespräche* ablaufen, die Sch. bewußt machen, daß das Zusammenleben von Menschen unterschiedlicher religiöser Bekenntnisse Toleranz erfordert, dann aber auch bereichert und den eigenen Glauben stärken kann.

5. Das Thema in Schulbüchern und Unterrichtsmaterialien

- Besser-Scholz, Birgit (Hg.): LebensZeichen. Ein Unterrichtswerk für den evangelischen Religionsunterricht in der Sekundarstufe I. Band 3: Arbeitsbuch für das 9. und 10. Schuljahr. Vandenhoeck & Ruprecht, Göttingen 1992, S. 73–94.
- Hanisch, Helmut u.a. (Hg.): Kursbuch Religion. Neuausgabe 9./10. Arbeitsbuch für den Religionsunterricht im 9./10. Schuljahr. Calwer/Diesterweg, Stuttgart/Frankfurt a.M. 1993, S. 58–68.
- Kluge, Jürgen (Hg.): Entdeckungen machen. Unterrichtswerk für den evangelischen Religionsunterricht in der Sekundarstufe I. Band 9/10. Cornelsen, Düsseldorf 1987, S. 119–134.
- Kwiran, Manfred u.a. (Hg.): Glauben und Leben. Ausgabe für Realschulen. 9./10. Schuljahr. Schroedel, Hannover 1990, S. 139–146.
- Veit, Reinhard (Hg.): Glauben heute. 9./10. Schuljahr. Schroedel, Hannover 1990, S. 82–101.

6. Materialien und Medien

Folien
- Das Judentum (s. unter 3.).
- DurchSichten (besonders Radierungen von Berlinecke), zu beziehen durch: ARP Braunschweig, Postfach 2335, 38013 Braunschweig.
- Medienbausteine Religion Band 1 + 2 (evtl. auch 3), zu beziehen durch: Verlag Böttinger, Karlstr. 50, 42105 Wuppertal.

Videofilme
zum Thema Judentum
- Pessach, Walter Harrich u.a., 1994, Calwer Verlag und Matthias Film, Gänsheidestr. 67, 70184 Stuttgart, DM 98,–, ca. 15 Min.
- Wie Juden leben: Zur Thora stehen, Calwer Verlag und Matthias Film, DM 148,–, ca. 27 Min.
- Fest und Feier im Judentum, Joachim Arendt u.a., 1987, Calwer Verlag und Matthias Film, Bar-Mizwa 12 Min., Eheschließung 11 Min., Beschneidung 4 Min.
- Jesus der Jude. Ein Beitrag zur jüdisch-christlichen Verständigung, KFW, Ludwigstr. 33, 60327 Frankfurt.
- Zweimal Alexander, Thomas Draeger, 1991, Matthias Film, DM 138,32, ca. 30 Min.

zum Thema Holocaust
- Der gelbe Stern, Dieter Hildebrandt, Weltbild Verlag GmbH, Steinerne Furt 70, 86131 Augsburg, DM 26,04.
- Auschwitz, Tadeusz Wudzki, Teleart, Polen 1991, 60 Min.
- Veilchenbonbons, Carolin Otto, 1990, KFW, DM 72,90, S/W-Film, 14 Min.

Musikcassetten
- LebensZeichen, Vandenhoeck & Ruprecht, Göttingen, MC zum gleichnamigen Schulbuch 5/6.
- Wenn die Nacht noch dunkel ist, Leu Verlag, Bergisch-Gladbach, Herweg 35, Liederbuch und MC.
- Gottes Geist bewegt die Erde, Bonifatius Verlag, Paderborn 1994, Liederbuch mit Tanzbeschreibungen und MC.

Toncassetten – Hörtexte
- Von Rosch Haschana bis Schawuot, Pinchas Lapide u. Frau, Gemeinschaftswerk für Ev. Publizistik.
- Festtage der Juden, Ernst Simons, Patmos Verlag, Am Wehrhahn 100, 40211 Düsseldorf, Teil 2: Bar-Mizwa, 10 Tage Buße (Best.-Nr. 48214), Teil 3: Schabbat, Purim (Best.-Nr. 48215).

M 1

Die Bar-Mizwa Feier in Hannover

Viktor ist vor eineinhalb Jahren mit seinen Eltern nach Hannover gekommen. Die Familie ist jüdisch; in Rußland fühlten sie sich diskriminiert und nahmen daher die Gelegenheit wahr, auszureisen, als die Sowjetunion zusammenbrach und Ausreisen möglich wurden. Viktor weiß, daß seine Eltern lieber nach Israel gefahren wären, jahrelang haben sie darüber geredet, wenn keine Fremden zuhörten. Aber jetzt sehen alle hier in Deutschland die besseren wirtschaftlichen Möglichkeiten, sie wollen bleiben.

Viktor ist 13 Jahre alt, er besucht die 7. Klasse einer Realschule in Hannover. Sein bester Freund wohnt im gleichen Haus, Marc; er besucht die 9. Klasse in derselben Schule und ist 15 Jahre alt.

Marc ist schon konfirmiert, Viktor hat gerade seine Bar-Mizwa Feier gehabt. So erzählt er Marc davon:

Viktor: Also, erst einmal habe ich gelernt, wochenlang bin ich nachmittags zur Synagoge gegangen. Der Rabbiner war ziemlich streng. Deutsch ist ja schon schwierig genug für mich; aber ich mußte Hebräisch lernen! Stell' dir vor: ganz andere Zeichen, von rechts nach links mußt du lesen und von hinten nach vorne.

Marc: Kannst du das jetzt richtig?

Viktor: Na ja, es reichte. Dazu kamen Gebete, Lieder, Bibeltexte. Das sind besonders die Texte aus Deuteronomium 6,4 -9.11. 14–21 und Exodus 13,1–16. Diese Worte sind für uns Juden besonders wichtig. Du findest sie auch in deiner Bibel, ihr nennt diesen Teil „Altes Testament". Für uns ist das die Thora. Manche Leute übersetzen das mit „das Gesetz"; aber das hört sich so nach „Strafe" an. Besser wäre die Umschreibung „die Weisung", denn an diese Forderungen Gottes müssen wir Juden uns alle halten.

Marc: Am Tag deiner Bar-Mizwa, wer war da dabei?

Viktor: Alle Verwandten, die wir hier in der Umgebung haben, sind gekommen. Sogar ein Onkel aus Düsseldorf war dabei und ein Freund meines Vaters aus Berlin. Es war sehr feierlich.

Marc: Hattest du einen besonderen Anzug an?

Viktor: Ja, meine guten Sachen und dann noch die Kippa, die Tefillin und den Gebetsschal.

Marc: Was ist das denn?

Viktor: Also, die *Kippa*, das ist ein kleine Mütze, die auf dem Hinterkopf getragen wird. Sie hält bei mir nur mit einer Haarklammer, bei den meisten ist das so. Oft ist sie weiß mit blauer Stickerei; aber meine ist dunkelrot und goldbestickt. *Tefillin* sind die Gebetsriemen. Das sind Lederriemen, die man zuerst um den linken Unterarm und dann um den Kopf hängt. An den Enden sind kleine Kästchen, die Zettel mit den Texten aus Dtn 6,4-9.11.13–21 und Ex 13,1–16 enthalten. Von der Bar-Mizwa an trage ich die beim Morgengebet und in der Synagoge; aber nicht am Sabbat oder einem anderen Feiertag. Das verstehen wir als „Zeichen auf der Hand und zwischen den Augen" (Dtn 6,8), es erinnert an den Bund mit Gott. Vielleicht hast du auch schon mal an unserer Tür so eine ähnliche Kapsel gesehen, die *Mesusa*. Die hat auch einen Teil dieser Texte und erinnert uns an den Bund Gottes mit den Menschen.

Marc: Mensch, Viktor, und das hast du alles vor der Bar-Mizwa gelernt?

Viktor: Das ist noch lange nicht alles. Übriges hat mir mein Onkel aus Düsseldorf den Gebetsmantel geschenkt. Er hat ihn extra aus Jerusalem schicken lassen.

Marc: Kann ich den mal sehen?

Viktor: Nein, der ist in der Synagoge, in einem kleinen Fach an dem Stuhl, auf dem mein Vater regelmäßig sitzt. Aber ich beschreibe ihn dir: Das ist ein großes, weißes, rechteckiges Tuch mit graublauen eingewebten Streifen; an den Ekken hängen lange „Schaufäden“, die erinnern an die 613 Gebote, die jeder Jude halten muß.

Marc: Und was mußtest du machen?

Viktor: Zuerst mußte ich die Thora-Rolle holen. Die wird in einem Schrank hinter einem dunkelroten Vorhang aufgehoben. Man muß sie herausheben, langsam, vorsichtig, dann zum Lesepult tragen. Dort wird die Stoffhülle abgenommen, die Rolle wird hingelegt, die richtige Stelle auf- oder abgerollt. Es wurden Fragen gestellt, und ich mußte antworten. Aber das hatte ich so oft geübt, ich konnte alles auswendig. Ich wäre viel zu aufgeregt gewesen, wenn ich wirklich hätte antworten müssen. Stell' dir vor: Die ganze Gemeinde war da! Oben auf der Empore saßen meine Mutter, Großmutter, Tanten und viele andere Frauen. Ich war froh, als alles vorbei war.

Marc: Und dann?

Viktor: Weißt du, wir haben in einem anderen Raum der Synagoge gegessen. Wir haben hier eine Küche, in der man *koscher* kochen kann. Das haben die Freundinnen meiner Mutter getan. Und ich habe das Tischgebet gesprochen und eine kleine Rede gehalten. Da habe ich mich bei den Eltern bedankt, weil sie mir so viel beigebracht haben und mir immer geholfen haben, wenn ich sie brauchte.

Marc: Also, das wäre nicht mein Fall gewesen – so was vor vielen Leuten zu sagen. Aber was heißt eigentlich *koscher?*

Viktor: Also, das erkläre ich dir heute nicht mehr. Ich will jetzt endlich mit dir Schach spielen.

Ilka Kirchhoff.

M 2

Öfter als wir den Feiertag gehalten...

Kanon für 3 Stimmen

Text: nach jüdischer Überlieferung
Musik: Siegfried Macht

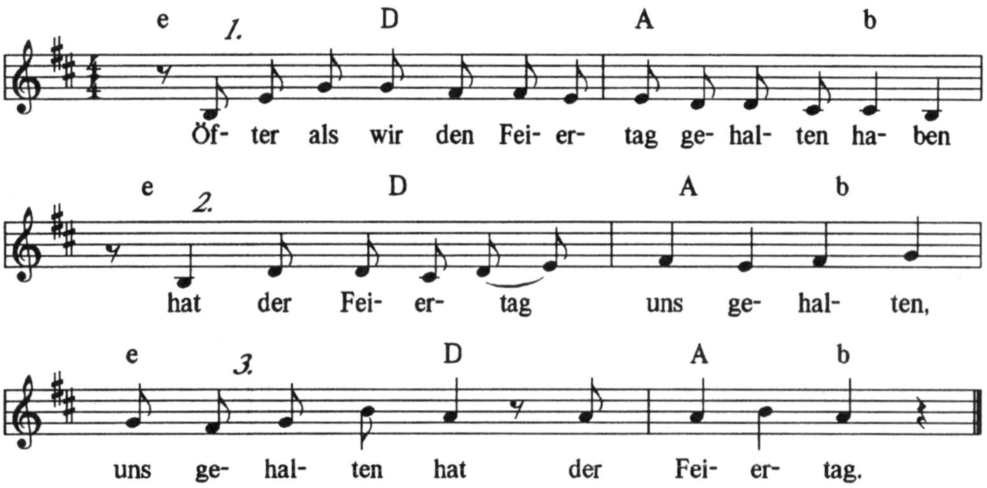

Aus: Siegfried Macht, Wenn die Nacht noch dunkel ist, Leu-Verlag, Bergisch-Gladbach 1993 (Notenheft und MC).

M 3

Sabbat: Viktor erzählt ...

Freitag mittag, Schulschluß, Wochenende. Marc geht mit Viktor nach Hause.

Marc: Mir reicht's mal wieder. Drei Arbeiten in einer Woche, bekloppt. Jetzt spiel' ich erst mal 'ne Runde an meinem Computer und dann mach' ich gar nichts mehr – oder ganz viel ...

Viktor: Ich bin froh, daß wir am Samstag keine Schule haben. Weißt du, wir feiern den Samstag, den Sabbat. Das geht am Freitag abend schon los, und ist wirklich gut. Die Wohnung wird saubergemacht, aufgeräumt, Hefebrotzöpfe werden gebakken – das riecht richtig gut. Überhaupt wird schon alles für den Sabbat vorbereitet, eingekauft, gekocht. Meine Mutter soll am Sabbat wirklich keine Arbeit haben. Wenn alles fertig ist heute nachmittag, dusche ich, ziehe mir gute Sachen an. Das machen meine Eltern und Geschwister auch. Vater und ich gehen in die Synagoge, Mutter und die Mädchen decken den Tisch.

Marc: Was macht ihr in der Synagoge?

Viktor: Da werden Psalmtexte gebetet (Ps 95-99 und Ps 29), wir singen *Lecha Dodi*, das heißt auf deutsch: „Komm, mein Freund, der Braut entgegen, den Sabbat wollen wir empfangen." Mit „mein Freund" ist Gott gemeint. Wir verneigen uns zur Tür hin, so, als wollten wir wirklich einen Gast empfangen. Dann werden noch einmal Psalmtexte gebetet, manchmal hält der Rabbiner eine Ansprache. Bevor wir nach Hause gehen, sprechen wir noch das *Schma Israel*, kennst du das?

Marc: Ja, ich erinnere mich; du hast mir davon erzählt. Und was passiert bei euch zu Hause?

Viktor: Im Wohnzimmer ist der Tisch mit einem weißen Tischtuch gedeckt, da stehen zwei Kerzen in schönen silbernen Leuchtern, bei Mutters Platz gibt es Blumen. Kleine Becher sind da, an Vaters Platz liegen die Weißbrote. Sie sind mit einem bestickten Tuch abgedeckt. Vater segnet uns Kinder. Dann spricht er den *Kiddusch*. Das ist ein Segen über Brot und Wein. Mutter zündet die Kerzen an, hält sich dann die Augen zu und spricht einen Segen. Dann sagt Vater *Shabbat Shalom*, er wünscht uns Sabbatfrieden. Alle trinken Wein aus den kleinen Bechern.

Marc: Auch deine jüngeren Schwestern?

Viktor: Ja, es ist ja nur ein kleiner Schluck. Mit etwas Wasser waschen wir uns die Hände. Vater verteilt dann das Brot. Das soll uns daran erinnern, daß das Volk Israel in der Wüste von Gott *Manna* erhielt, „göttliche Speise". Zum Abschluß singen wir und beten den Psalm 126. Manchmal haben wir Gäste. Ich kann ja meine Eltern mal fragen, ob du mal kommen kannst.

Marc: Ja, vielleicht ... Aber sag' mal, das ist ja immer noch Freitag. Euer richtiger Feiertag ist doch der Samstag. Was machst du da?

Viktor: Morgens gehe ich mit Vater in die Synagoge. Mutter geht meistens mit den Mädchen mit. Aber du weißt ja, die sitzen oben.
Es wird ein großer Teil aus der Tora gelesen. Das ist eine ganz feierliche Sache. Mindestens zehn Männer sind dazu nötig. In einem Jahr lesen wir so die ganze Tora! Vorher und nachher wird gebetet. Dann gehen wir nach Hause. Mutter braucht nicht zu kochen, sie darf es sogar nicht. Bei uns ist das nicht so streng; aber es gibt Familien, die nicht einmal Licht einschalten. Wir essen, was Mut-

ter am Freitag vorbereitet und am Samstag warmgehalten hat. Du kannst ja mal probieren: Es schmeckt sehr gut. Nachmittags geht Vater noch einmal in die Synagoge. Abends treffen wir uns im Wohnzimmer. Vater spricht den Segen über einem ganz vollen Glas Wein.

Marc: Weshalb muß das denn so voll sein?

Viktor: Das soll an den reichen Segen Gottes erinnern, den man sich für die nächste Woche erhofft. Einen weiteren Segen spricht er über den Gewürzbüchsen (der Geruch soll als Zeichen vom Sabbat während der Woche beim Menschen sein) und über zwei Kerzen, die an den ersten Schöpfungstag, die Erschaffung des Lichts, erinnern. Der Wein wird getrunken, das Licht ausgepustet, und wir wünschen uns eine gute Woche.

Marc: Gehst du anschließend mit mir ins Kino?

Viktor: In Israel machen das viele Juden heute, in Deutschland wohl auch. Aber meine Eltern wären sehr traurig, wenn ich den Sabbat so beenden würde. Ich werde etwas lesen, vielleicht mit dem Vater reden.

Ilka Kirchhoff.

M 4

Rosch Haschana **– Das Neujahrsfest**

⇨ Erinnert an die Schöpfung – Gott als richtender König – auch „Tag des Gerichts" oder „Tag des Gedenkens" genannt – ernstes Fest.

⇨ Blasen des Widderhorns *(Schofar)* nach dem Morgengebet in der Synagoge – fordert zur Besinnung auf, besserer Lebenswandel im nächsten Jahr.
Erinnerung an Isaaks „Bindung" (Gen 21.22) – Verschenken von Äpfeln, die mit Honig versüßt sind.

⇨ 1. und 2. Tischri__________

(Datum für das laufende Jahr einsetzen, siehe **M 14**)

M 5

Jom Kippur **–**
Der Sühnetag, das Versöhnungsfest

⇨ „Versöhnungstag" – Abschluß von 10 Bußtagen, die mit *Rosch Haschana* beginnen – heiligster Tag des jüdischen Jahres – alter Brauch zur Zeit des 1. Tempels (Lev 16): „Sündenbock" wurden Sünden übertragen, dann in die Wüste gejagt; aber auch Opfer im Tempel.

⇨ Heute: Tag der Ruhe, Umkehr, Aussöhnung mit Gegner, Fasten, Klagegebete in der Synagoge, teilweise in einem weißen Totenkleid.

⇨ 10. Tischri__________

(Datum für das laufende Jahr einsetzen, siehe **M 14**)

M 6

Pessach – Das Passahfest

⇨ Erinnert an Befreiung des Volkes Israel aus Ägypten (Ex 12) – zur Zeit der babylonischen Gefangenschaft verbunden mit *Mazzenfest* (Dtn 16)– seit 10. Jh. n. Chr. ist Festablauf *(Seder)* in speziellem Buch festgeschrieben *(Pessach-Haggada)*.

⇨ Sederabend:
Vorbereitung: gesäuertes Brot wird im Haus versteckt – gefunden – beseitigt. Bestandteile der Feier bereitgestellt (auf Seder Teller außer den unten genannten noch ein Knochen und ein Ei)
- Vater spricht Segen über 1. Becher Wein („Schöpfung“)
- wäscht Hände
- taucht Bitterkräuter (Petersilie) in Salzwasser, segnet sie, ißt, reicht sie weiter
- teilt von 3 Mazzen (ungesäuertes Brot) eins in zwei ungleiche Teile, legt das größere Stück für Ende der Feier beiseite
- liest Auszüge aus Ex 12, jüngstes Kind stellt Fragen
- spricht Segen über 2. Becher Wein („Befreiung“), alle waschen Hände
- Vater segnet Mazzen, ißt ein Stück
- segnet Bitterkraut, taucht es in Brei aus Äpfeln, Nüssen, Zimt (= Symbol für Lehm, aus dem in der ägypt. Fron Ziegel hergestellt wurden), ißt
- alle essen Mazzen und Bitterkraut
- das große Stück Mazzen wird gegessen
- Vater spricht Gebet, segnet 3. Becher Wein („Auftrag“), trinkt
- alle singen Psalm, Segnen des 4. Bechers Wein („Hoffnung“), Lied zum Sederabend siehe **M 18**.

⇨ 15.-22. Nissan________

(Datum für das laufende Jahr einsetzen, siehe **M 14**)

M 7

Schavuot – Das Wochenfest

⇨ Erinnert an die Offenbarung Gottes am Sinai (Dornbusch, 10 Gebote) – Erntedankfest – 50 Tage nach Pessach gefeiert, deshalb „Wochenfest“ („entspricht“ Pfingsten!).

⇨ Synagoge, Dekalog (Ex 20,2-17 und Dtn 5,6-18) und Propheten, Synagoge mit Blumen geschmückt.

⇨ 6.-7. Sivan________

(Datum für das laufende Jahr einsetzen, siehe **M 14**)

M 8

Sukkot – Das Laubhüttenfest mit *Simchat Tora* – Fest der Torafreude

⇨ Erinnert an die Wüstenwanderung des Volkes Israel – Erntedankfest.

⇨ Jede Familie baut „Hütte“ (im Garten, auf Balkon) – lebt darin 7 Tage lang (Essen, Studium der Tora), Feststrauß (z. B. Palmzweig in rechter Hand), „Ertrag“ (Zitrusfrucht in linker Hand).
In der Synagoge geht man am 7. Tag um die *Bema* (das Lesepult).
Zum „Fest der Torafreude“ Umzüge, Tänze – Toralesung eines Jahres ist abgeschlossen.
Passendes Lied samt Tanz aus Israel: „Es wächst der Gerechte wie ein Baum (Zadik Katamar)“, in: Siegfried Macht, Gottes Geist bewegt die Erde, Bonifatius Verlag, Paderborn 1994 (Tanzliederbuch mit Bewegungsbeschreibungen und Musikcassette).

⇨ 15.-22. Tischri
Simchat Thora: 23. Tischri

(Datum für das laufende Jahr einsetzen, siehe **M 14**)

M 9

Chanukka – Das Lichterfest

⇨ Fest zum Gedenken an die Wiedereinweihung des 2. Tempels 164 v. Chr. – ursprünglich 8 Tage lang gefeiert (s. Laubhüttenfest).
⇨ Im Haus gefeiert – Chanukka-Leuchter hat 8 Arme (für jeden Tag des Festes einen) und einen zusätzlichen („Diener" genannt – zum Anzünden der anderen Lichter) – heute vielfach Fest für Kinder mit Geschenken („entspricht" Weihnachten).
⇨ 25. Kislev________

(Datum für das laufende Jahr einsetzen, siehe **M 14**)

M 10

Purim – Das Losfest

⇨ Erinnerung an die Rettung der Juden durch Ester (s. Ester-Buch: Jüdin Ester rettet Perserkönig das Leben – dessen Großwesir Haman möchte Juden ausrotten – „Los" fällt auf 13. Adar – Ester erreicht, daß Juden ihre Gegner töten dürfen – folgender Tag wird gefeiert).
⇨ Geschenke für Fremde und Arme, Festessen, Umzüge („entspricht" Karneval) – Synagoge: Verlesung des Buches Ester.
⇨ 14. Adar________

(Datum für das laufende Jahr einsetzen, siehe **M 14**)

M 11

Brit Mila – Der Bund der Beschneidung

⇨ Zeichen des Judentums („Bundeszeichen") – Abgrenzung von anderen Religionen (z. B. Babyloniern im Exil).
⇨ Am 8. Tag (8 = Glückszahl) nach der Geburt bei Jungen durch *Mohel* (Beschneider) oder heute auch durch Arzt in Synagoge, Krankenhaus oder zu Hause gemacht – Vorhaut wird völlig entfernt – Vater des Jungen spricht Gebete.
⇨ 8. Tag nach der Geburt.

M 12

***Bar Mizwa* und *Bat Mizwa* – Sohn des Gesetzes und Tochter des Gesetzes**

⇨ Einführung in die Aufgaben der Gemeinde.
⇨ Nach Unterricht bei Rabbi Feier in der Synagoge – Toralesung des Bar-Mizwa bzw. der Bat-Mizwa (besonders in Reformgemeinden) – kleine Auslegung des Textes – Familienfeier (ausführliche Beschreibung in **M 1**).
⇨ Bar-Mizwa: Junge 13 Jahre alt, Bat-Mizwa: Mädchen 12 Jahre alt.

M 13

Heirat

⇨ Schöpfungsauftrag Gen 2,18.
⇨ Brautpaar steht unter Baldachin *(Chuppa)* während der Trauung – Segenssprüche – Rechte der Frau in Ehevertrag geregelt (betr.: Scheidung, Tod des Partners, Höhe der Mitgift und Gebrauch dieser).
⇨ Ehen werden heute in Israel spät geschlossen (Militärdienst für Männer *und* Frauen, Wohnungsknappheit); in Deutschland ergeben sich Probleme durch die geringe Anzahl junger Menschen.

M 14

Tabelle der jüdischen Feste bis 2002

		1998	1999	2000	2001	2002
Ernste Feste	Rosch Hschana Neujahrfest	21./22.9	11./12.0	30.9./1.10	18./19.9.	7./8.9.
	Jom Kippur Versöhnungsfest	30.9.	20.9.	9.10.	27.09.	16.09.
	Pessach Fest der unge- säuerten Brote	11.–18.4.	1.–8.4.	20.–27.4.	8.–15.4.	28.3.–4.4
Wallfahrtsfeste	Schavuot Wochenfest	31.5./1.6.	21./22.5.	9./10.6.	28./29.5.	17./18.5.
	Sukkot Laubhüttenfest	5.-12.10	25.9.-2.10	14.-21.10	2.-9.10	21.-28.9.
	Simchat Tora Fest der Torafreude	13.10	3.10	22.10	10.10.	29.9.
Freudenfeste	Chanukka Lichterfest	14.12.	4.12.	22.12.	10.12.	30.11.
	Purim Losfest	12.03.	2.3.	21.3.	9.3.	26.2.

M 15

Gunhild Lehmkuhl, Wo ist dein Bruder Abel?, Grupelloverlag, Düsseldorf 1994.

Kreuzzug

Gelb leuchtet der Stern,
über Bethlehem
wird der Himmel zum Ärmel.

Der Weise geht
einen Umweg und tritt
nur zu dritt auf die Straße.

In den Tempelhallen
von Schädelstadt*
haben die Kreuze Haken

Schon stehn an den Türen
die Namen von Toten.
Die lesen und packen.

Gott emigiert
täglich, im Plural,
im Viehwaggon.

*Golgota, hebr.: Schädelstatt

Aus: Siegfried Macht, Dein Name ist Dubistbeimir; Kirchl. Verwaltungsstelle Loccum, Münchehäger Str., 31547 Rehburg-Loccum.

Bild und Text überlagern verschiedene Ereignisse:
Kannst du alle nennen? Wie hängen sie zusammen?

M 16

Stuttgarter Schulderklärung 1945

... Mit großem Schmerz sagen wir: Durch uns ist unendliches Leid über viele Völker und Länder gebracht worden. Was wir unseren Gemeinden oft bezeugt haben, das sprechen wir jetzt im Namen der ganzen Kirche aus: Wohl haben wir lange Jahre hindurch im Namen Jesu Christ gegen den Geist gekämpft, der im nationalsozialistischen Gewaltregiment seinen furchtbaren Ausdruck gefunden hat; aber wir klagen uns an, daß wir nicht mutiger bekannt, nicht treuer gebetet, nicht fröhlicher geglaubt und nicht brennender geliebt haben. Nun soll in unseren Kirchen ein neuer Anfang gemacht werden. Gegründet auf die Heilige Schrift, mit ganzem Ernst ausgerichtet auf den alleinigen Herrn der Kirche, gehen sie daran, sich von glaubensfremden Einflüssen zu reinigen und sich selber zu ordnen. Wir hoffen zu dem Gott der Gnade und Barmherzigkeit, daß er unsere Kirchen als sein Werkzeug brauche und ihnen Vollmacht geben wird, sein Wort zu verkündigen und seinem Willen Gehorsam zu schaffen bei uns selbst und bei unserem ganzen Volk. Daß wir uns bei diesem neuen Anfang mit den anderen Kirchen der ökumenischen Gemeinschaft herzlich verbunden wissen dürfen, erfüllt uns mit tiefer Freude.

Wir hoffen zu Gott, daß durch den gemeinsamen Dienst der Kirchen dem Geist der Gewalt und der Vergeltung, der heute von neuem mächtig werden will, in aller Welt gesteuert werde und der Geist des Friedens und der Liebe zur Herrschaft komme, in dem allein die gequälte Menschheit Genesung finden kann.

So bitten wir in einer Stunde, in der die ganze Welt einen neuen Anfang braucht: Veni, creator spiritus!

Aus: Martin Stupperich u.a., Zweitausend Jahre Christentum, Bd. II, 2, Vandenhoeck & Ruprecht, Göttingen 1983, S. 40.

M 18

Hätte Gott uns ...

(Zum Pessach-Fest/Seder-Abend)

Danklied aus Israel ("Dajenu")
Textübertragung: Siegfried Macht

Juden, Christen und Muslime **M 17**

Mitte September 1994 flattert mir eine Einladung auf den Schreibtisch: ob ich im islamischen Kulturzentrum in Köln am Vorabend des Tages der Deutschen Einheit an einer Feier teilnehmen wolle? Es ging um ein „Fest der Begegnung“, das stattfinden sollte in den Räumen der Moschee.

Juden, Christen und Muslime waren eingeladen – Vertreter der drei großen monotheistischen Hochreligionen. Die Christen sind die zahlenmäßig größte Religionsgemeinschaft in Deutschland, die Muslime die zweitgrößte und die kleine jüdische Gemeinde ...? Gibt es überhaupt schon wieder eine Synagoge in Köln, eine Gemeinde? Wie leben sie? Haben sie Angst? Werden sie sich zu erkennen geben? Wird alles voller Polizei sein?

Ich fahre nach Köln, finde die Moschee in der Vogelsangstraße, werde von jungen Muslimen in einen Parkplatz eingewiesen. Die Schuhe bleiben im Vorraum, ich betrete den Gebetsraum. Gespannt ist die Atmosphäre, alles hell erleuchtet, Kameraleute laufen hin und her; aber es gibt keine Polizisten, ich sehe keine Demonstranten (auch draußen waren keine). Für die Sprecher der drei Religionen und die politischen Vertreter (Bürgermeister und Bundestagspräsidentin) sind Stühle aufgestellt, für alte und kranke Menschen auch; alle anderen stehen, sitzen auf dem Boden. Der Raum füllt sich, es sind jetzt wohl schon 500 Menschen anwesend. Manche kennen sich, begrüßen sich, plaudern – Gemeindemitglieder, aber welcher Religion? Die Muslima sind am Kopftuch zu erkennen, andere äußere Zeichen gibt es nicht.

Dann beginnt die Feier. Begrüßungsansprachen der offiziellen Vertreter, wohl wichtig, aber langweilig. Und dann hören wir Psalmverse aus der Hebräischen Bibel, Lesungen aus dem Koran, aber auch neutestamentliche Texte. Es wird sehr still. Und wir alle spüren: So könnte es sein, so müßte es sein – Juden, Christen und Muslime in einem Raum zusammen, sie hören heilige Texte, sie versuchen, den Nachbarn zu verstehen. Braucht man da unbedingt die Übersetzung?

Viel zu schnell vergeht die Zeit, die Vortragenden sind fertig, der Präsident des Verbandes der islamischen Kulturzentren verabschiedet uns. Aber vorher lädt er alle ein zum gemeinsamen Mahl im Innenhof der Moschee. Und so stehen wir und essen Döner Kebap und trinken Limonade und denken: So wird es sein – Juden, Christen und Muslime zusammen. Jeder hat seine eigene Religion, seinen Glauben; aber jeder kann mit seinem Nachbarn sprechen, scherzen, essen und trinken.

Später gehen wir, und draußen sind immer noch keine Polizisten zu sehen, keine Angst kommt auf. Die muslimischen Jungen gehen mit uns zum Parkplatz, winken uns auf die Straße.

Ach ja, beinahe hätte ich es vergessen zu berichten: Ich erhalte jetzt regelmäßig auch Einladungen zur jüdischen Gemeinde nach Köln. Zusammen mit Christen fahren sie im Januar nach Frankfurt, um das Rothschild-Museum und den jüdischen Friedhof zu besichtigen.

Ilka Kirchhoff.

6 Leben in der Einen Welt: Ökumenisches Lernen I

1. Theologische und didaktische Aspekte

Daß die meisten sozialen, ökonomischen und ökologischen Probleme und Konflikte in der sogenannten „3. Welt" mit dem Lebensstil der reichen Länder – also *unserem* Lebensstil – zu tun haben, wird kaum noch bestritten.

Der größte Teil der Rohstoffe (Erdöl, Metalle, etc.), ja sogar Lebensmittel (Obst, Bohnen, Soja, etc.) fließt aus der Südhemisphäre in den Norden, damit wir bei uns unsere Bedürfnisse befriedigen und unseren Lebensstandard sichern können. Multinationale Konzerne lassen dort ihre Waren herstellen, wo die Löhne am niedrigsten sind, Umweltschutzmaßnahmen eine geringe Rolle spielen und Gewerkschaftsinteressen nicht berücksichtigt werden müssen. Sie sind zuallererst an Profiten interessiert. Selbst der weltweite Medienmarkt und die Nachrichtendienste werden von einigen wenigen kontrolliert. Die Eine bewohnte Erde Gottes ist schon längst *ein* „Markt" geworden, auf dem transnationale Konzerne, Banken und Versicherungen das Leben bestimmen. Unsere Art des Konsumierens betrifft unmittelbar den Baumwollpflücker in Ägypten oder die Plantagenarbeiterin in Bolivien.

Der „erfrischende Genuß" einer Cola löscht nicht nur „unseren Durst", sondern erinnert uns auch an die erbärmlichen Arbeitsbedingungen auf einer Zuckerrohrplantage in Honduras, den Energieverbrauch bei uns, den ökologischen Raubbau in weiten Teilen Lateinamerikas und die durch Werbung suggerierten Bedürfnisse eines „genußvollen Lebensstils" in unserer „Erlebnisgesellschaft". Wer die Ursachen für Verarmung, Verschuldung oder „Unterentwicklung" allein in den Dritt-Welt-Ländern sucht, verkennt die Komplexität wirtschaftlicher Strukturen. In diesem Kapitel versuchen wir deshalb, Lebenszusammenhänge in der Einen Welt zu entdecken und wahrzunehmen, kritisch zu reflektieren und nach anderen Formen des Zusammenlebens, als sie „üblich" sind, Ausschau zu halten.

Die Tendenz, sich abzugrenzen, gibt es nicht nur bei Nationen, sondern auch unter Christen. Da wird oft die eigene Konfessionalität stärker betont als das Verbindende. Betrachten wir das Leben in Kirchen und unter Christen, dann stoßen wir oft auf die Neigung, sich abzugrenzen, die eigene Konfession wird betont. Oft geschehen sogar Ausgrenzungen oder gar Ausschluß.

Doch die *Hausordnung im Haushalt Gottes* ist eine andere. Alle Menschen sind eingeladen an der „Hausgenossenschaft" Gottes, auch wenn sie in verschiedenen „Häusern" (Kirchen) leben, teilzunehmen. In Gottes Einer Welt gibt es weder Selbstruhm noch Selbstgerechtigkeit, noch Richten und Ausgrenzen Andersdenkender, wohl aber den Dialog, den Streit um der Sache willen, das solidarische Teilen und die Gastfreundschaft.

In Zusammenhängen zu lernen, ist das Anliegen *ökumenischen Lernens*, das sich besonders im sogenannten *Konziliaren Prozeß* der Kirchen seit 1983 entwickelt hat.

Ökumenisches Lernen ist deshalb grenzüberschreitend, einladend, offen, heißt: *sich einzuleben in den großen Haushalt der bewohnten Erde.*

Folgende Merkmale charakterisieren dieses „Einleben“:

Ökumenisches Lernen ist ein Lernen mit und von anderen

Überall dort, wo Menschen die Grenzen ihrer Konfession überschreiten, wo der Dialog gesucht wird und partnerschaftliche Begegnungen, wo Anteilnahme an Sorgen und Nöten, aber auch an deren Freuden geschehen, kann ökumenisches Lernen stattfinden.

Alle kommen zu Wort und lernen voneinander, trotz ihrer Verschiedenheiten. Sie können unterschiedlichste Lebensformen nebeneinander bestehen lassen.

Ökumenische Partner/innen sind daran interessiert, Beziehungen untereinander entstehen zu lassen und Möglichkeiten zu schaffen, miteinander zu lernen und zu leben. Ihre gemeinsame Mitte finden sie in der von Gott verheißenen Gerechtigkeit, seinem Frieden und seiner Mahnung zur Bewahrung der Schöpfung. Gerechtigkeit stiftet dazu an, zu teilen, *Für-sorge* für andere zu leben und Schwache *in Recht* zu setzen.

Ökumenisches Lernen ist anders lernen

Mit und voneinander lernen setzt *offenes Lernen* voraus. Es ist nicht bloße Wissensvermittlung. Es ist kein distanziertes *Wissen über*, sondern ein *Lernen mit* und ein *Lernen von*, das sich an konkreten Erfahrungen orientiert. Informationen und Wissen sind immer eingebettet in reale Lebens- und Weltzusammenhänge, die zu Stellungnahmen, ja zur Parteinahme und zum Engagement herausfordern.

Um sich auf *andere* und *anderes* einzulassen, ist es aber auch nötig, den eigenen Standpunkt zu klären, neugierig auf anderes und andere zu sein, sich selbst und andere in Frage zu stellen und konfliktbereit zu sein.

Ökumenisches Lernen ist Lernen in der Zeit

Ökumenisches Lernen ist keine neue Erfindung. Es ist eingebettet in die Geschichte der Christusbotschaft, und es hat auch seine eigene Geschichte. In *Erinnerung an die biblische Botschaft* bekommt diese Lernform ihre Begründung, denn zum Grundbestand christlichen Glaubens gehört eine ökumenische Weite. In Christus wohnt die Fülle Gottes und „durch ihn und zu ihm“ ist alles geschaffen (Kol 1,16.19). Die Grenzen zwischen „Nahen“ und „Fernen“ sind in Christus aufgehoben zugunsten des „einen neuen Menschen“ (Eph 2,15). In Apg 10 wird beschrieben, daß Petrus erkennt, wie Gott seine Jüngerschaft aus allen Völkern beruft und die Grenzen überschreitet, die Menschen errichtet haben.

Neben der historischen Erinnerung ist ökumenisches Lernen in der Zeit immer auch Wahrnehmen des *Hier und Jetzt* der Gegenwart. Wir fragen: Wo gibt es Ungerechtigkeit bei uns, wo weltweit? Was bestimmt meine Lebenseinstellung? Welche Konflikte führen zu Trennungen zwischen Menschen, Staaten, der Weltgemeinschaft überhaupt? Was und wo können wir heute voneinander lernen?

Damit sich die Wahrnehmung des Jetzt nicht in Verunsicherungen oder purer Betroffenheit verliert, lebt ökumenisches Lernen immer auch von *Hoffnungen*, vom Mutmachen, von Verheißungen und vom biblischen Zuspruch: „... und siehe, ich mache alles neu: einen neuen Himmel erschaffe ich und eine neue Erde“ (Jes 65,17). In dieser Vision des Propheten Jesaja wird deutlich, daß nichts so bleiben muß, wie es ist, und Menschen aller Nationen und Hautfarben in Gottes einer Welt an seiner Gerechtigkeit mitarbeiten können. Die Hoffnung auf Gottes gerechte Welt befreit von Gleichgültigkeit und Selbstsucht, von Resignation und Desinteresse.

Ökumenisches Lernen ist Lernen in der Einen Welt

Neben dem Lernen in der Zeit ist das Lernen in räumlichen Dimensionen ein zweites wichtiges

Kennzeichen ökumenischen Lernens, einleitend wurde bereits darauf hingewiesen.

Ökumenisches Lernen ist vor allem das Zusammenbringen von *Nah* und *Fern*, zielt auf die Fähigkeit, Geschehnisse global zu deuten. Dabei fängt ökumenisches Lernen zum einen beim Kennenlernen des eigenen Hauses, des eigenen Lebensstils an und lenkt als zweites den Blick aus *unserem Haus* heraus auf *die anderen Häuser* der bewohnten Erde. Wir fragen danach, ob und wie die Schätze der einen Erde gerecht geteilt werden, wie das Liebesgebot Gottes (Lk 10,27) weltweit gelebt werden kann.

Ökumenisches Lernen ist Haltung

Ökumenisches Lernen ist nicht nur *Bescheidwissen*. Ökumenisches Lernen – das ist im *Konziliaren Prozeß der Kirchen* deutlich geworden – ist vor allem *parteiliches Lernen*, verlangt, Position zu beziehen und Stellung zu nehmen. Niemand kann sich heraushalten oder sich auf neutrale Positionen zurückziehen. Mit den Stichworten *Sehen, Urteilen, Handeln* wird dabei die Praxis der Mitarbeit in der ökumenischen *Hausgemeinschaft Gottes* beschrieben.

Sehen ist dabei vor allem das Wahrnehmen eines Konflikts aus der Perspektive der Schwachen, derer, die unterdrückt werden oder Unrecht erfahren. *Urteilen* erinnert uns an die Nachfolge Jesu aller Christen. Aus dem Wissen heraus, daß Gottes Gerechtigkeit und sein Schalom für alle gilt, wird Position bezogen. Position beziehen hat Konsequenzen, Parteinahme drückt sich in konkreten Handlungsschritten aus.

Ökumenisches Lernen ist kein verordnetes Lernen

Die Konkretionen ökumenischen Lernens sind deshalb vor allem von der Lerngruppe selbst herauszufinden und zu bestimmen. Sie entdeckt, wo Menschen in Not und Bedrängnis leben, wo Solidarität mit anderen nötig ist. *Sehen* geschieht im Klassenzimmer. *Sehen* geschieht bei Vergleichen von *Früher* und *Heute* von *Nah* und *Fern*.

Die Lerngruppe findet selbstverantwortlich heraus, zu welchen Handlungsschritten sie sich in der Lage fühlt, sie entscheidet, wie weit sie sich einmischt, Partei ergreift und Solidarität übt.

Und auch das sollte jede, jeder Unterrichtende wissen: ökumenisches Lernen ist ein Wagnis, es kann nicht verordnet werden, es kann auch scheitern.

2. Intentionen

Die Sch. sollen

- üben, weltweite Zusammenhänge im Kontext alltäglicher Erfahrungen (z.B. Konsumartikel) zu erkennen,
- ökumenisches Lernen ausprobieren und sich dabei mit den Lernschritten „Sehen“, „Urteilen“ und „Handeln“ vertraut machen,
- ökumenisches Lernen als ein an der biblischen Botschaft orientiertes Lernen begreifen; im Sinne kontextualen Lernens werden Gegenwartserfahrungen mit biblischen Aussagen zusammengebracht,
- christliche Existenz und Weltverantwortung, Glauben und ethisches Handeln als zusammengehörige Lebenspraxis entdecken,
- eigene Standpunkte und Überzeugungen, Wertmaßstäbe und Lebensziele in unserer Gesellschaft beschreiben,
- bei Exkursionen und Besuchen, in Berichten und Gesprächen mit anderen deren Lebensüberzeugungen, ihre Haltungen, deren Probleme und ihre Nöte entdecken,
- exemplarisch die Zusammenhänge unseres Lebensstils mit der Not anderer sehen,
- in der Bibelarbeit zu Mt 25 nach Kriterien der Nachfolge Jesu fragen,
- sich über Möglichkeiten solidarischen, parteilichen Handelns informieren.

3. Literatur zur Vorbereitung

Zum Stichwort *Ökumenisches Lernen*:

- Raiser, Konrad: Ökumene im Übergang. Kaiser, München 1989.
- Lange, Ernst: Die ökumenische Utopie oder Was bewegt die ökumenische Bewegung? Kreuz-Verlag, Stuttgart/Berlin 1972.
- Lange, Ernst: Sprachschule für die Freiheit. Bildung als Problem und Funktion der Kirche. Kaiser/Burckhardthaus-Laetare, Gelnhausen 1980.
- Lange, Ernst: Kirche für die Welt. Kaiser/Burckhardthaus-Laetare, Gelnhausen 1981.
- Kirchenamt der EKD (Hg.): Ökumenisches Lernen. Grundlagen und Impulse. Ein Arbeitsbuch, Gütersloh 1985.
- Goßmann, Klaus u.a. (Hg.): Schritte der Hoffnung gehen. Gütersloher Verlag, Gütersloh 1992.
- KU Praxis, Heft 26: Durch den Horizont sehen. Lernen aus der Ökumene. Gütersloher Verlag, Gütersloh 1989.
- Johannsen, Friedrich / Noormann, Harry (Hg.): Lernen für eine bewohnbare Erde. Gütersloher Verlag, Gütersloh 1990.
- Beck, Susanne u.a. (Hg.): Vorlesebuch Ökumene. Kaufmann, Lahr 1991.
- Theol. Studienabteilung beim Bund der Ev. Kirche in der DDR: Orientierung Ökumene, Berlin 1987[2].
- Dauber, Heinrich/Simpfendörfer, Werner (Hg.): Eigener Haushalt und bewohnter Erdkreis, Wuppertal 1981.
- Orth, Gottfried: Dem bewohnten Erdkreis Schalom – Beiträge zu einer Zwischenbilanz ökumenischen Lernens. Comenius Institut, Münster 1991.

Zum Stichwort *Kaffee*:

- Baum, Holger/Offenhäußer, Dieter: Kaffee. Armut – Macht – Märkte. Unkel/Hortemann, Rhein 1994.
- Transfair: Kaffee, Materialien für Bildungsarbeit und Aktionen, Bezug über Misereor, Aachen o.J.
- Grießhammer, Rainer/Burg, Claudia: Von braunen Bohnen und goldenen Bilanzen, in: Dies., „Wen macht die Banane krumm“, Rowohlt, Hamburg 1989, S. 210 f.
- Neuberger, Günter (Hg.): Zum Beispiel Kaffee. Lamuv, Göttingen 1991.

4. Unterrichtsideen/Verlaufsplanung

A. Ökumenisches Lernen: Anstöße für Projektorientiertes Arbeiten nach Lernschritten des Konziliaren Prozesses

a) Sehen

Besuche, Einladungen, Gespräche, sich informieren und umschauen gehören zu diesem Lernschritt. „Fertiges Material“ wird nicht geliefert, es werden Anstöße gegeben, selbst Erkundigungen einzuholen, eben *Sehen zu üben*.

⇨ Die Lerngruppe *besucht* einen *Eine Welt Laden*, sie informiert sich bei den Mitarbeitern des Ladens über das Anliegen und die Zielsetzung des Ladens. (Falls kein „Eine Welt Laden“ in der Nähe ist, hier Anschriften, bei denen Material über die Arbeit der Läden angefordert werden kann: Liberation, Werkstatt für Entwicklung und Frieden e.V., Vahrenwalderstr. 219 A, 30165 Hannover und El puente, Bischofskamp 24 A, 31137 Hildesheim oder „gepa“ – Aktion Dritte-Welt-Handel, Regionalstelle Göttingen, Lange Str. 31, 37077 Göttingen).

⇨ An einem *Konsumartikel* (Kaffee z.B.) vergleicht die Lerngruppe Endpreise früher und heute, Löhne für PlantagenarbeiterInnen und Verdienstspannen der Einzel- und Großhändler und führt die Befragungen durch (**M 1–7**). Aktuelles Informationsmaterial anfordern bei: Transfair-Verein zur Förderung des Fairen Handelns mit der „Dritten Welt" e.V. durch „Brot für die Welt", Postfach 101142, 70010 Stuttgart. Ähnlich kann mit anderen Konsumartikeln verfahren werden.

⇨ Die Lerngruppe sammelt *Nachrichten aus aller Welt.* Z.B. Arbeitsbedingungen in der sogenannten „3. Welt", Anbaugebiete für bestimmte Genußmittel; woher kommt der Tabak? (ein Blick in den Atlas genügt) Wo werden Rohstoffe veredelt? Wer verdient was?

⇨ Ebenso können Gedichte, Lieder, Karikaturen usw. zum Thema gesammelt und in der Gruppe bearbeitet werden (**M 8–12**).

⇨ Die Lerngruppe *kauft ein* und *erkundet,* aus welchen Ländern und Erdteilen die verschiedenen Waren kommen (z.B. Äpfel aus Argentinien, Wurst aus Edewecht, aber das Futter für die Schweine? Der Grundstoff für die Folie ist Erdöl. Aus welchen Ländern wird exportiert? usw.).

⇨ Jede und jeder *überprüft,* aus welchen Ländern die *Kleidungsstücke* stammen, die sie/er trägt. Falls das nicht feststellbar ist, können Befragungen in Textilgeschäften angestellt werden. Was heißt „made in ..."?

⇨ Die Lerngruppe schreibt Einrichtungen an, bei denen man *Informationen über den Welthandel,* das Leben in der 3. Welt und sogenannte „Entwicklungsprojekte" bekommen kann (meistens kostenlos). Anschriften: „Brot für die Welt", Postfach 101142, 70010 Stuttgart und „Misereor", Mozartstr. 9, 52064 Aachen.

⇨ Die Lerngruppe stellt *zwei Lebensmitteltische* zusammen. Auf einem Tisch steht der tägliche Bedarf einer 4köpfigen Familie in der Bundesrepublik (das, was von den Sch. täglich verzehrt wird). Auf dem anderen Tisch steht ein Pfund Reis, ein Liter Milch, einige Gewürze und Tee, die tägliche Ration für 4 Personen in Indien. Der unterschiedliche Lebensstandard wird diskutiert.

b) Urteilen

⇨ Im Zusammenhang mit den unter a) *Sehen* gemachten Entdeckungen wird ein *Bibeltext* erarbeitet. Der Bibeltext Mt 25,31–46 wird laut gelesen, der Inhalt im Gespräch erschlossen.

⇨ Der Text wird von der Lerngruppe *szenisch* gestaltet: Dazu sind ein Erzähler, ein Richter und zwei Gruppen nötig. Der Text wird nachgespielt, die wörtliche Rede von den Gruppen bzw. dem Richter wortwörtlich gesprochen. Der Erzähler übernimmt den übrigen Text.

⇨ In 6 Kleingruppen werden die Problemfelder *Hunger, Durst/Wasser, Wohnen, Kleidung/Armut – Kranke, Gefangene* auf ihre gegenwärtige Relevanz hin befragt. Erkenntnisse aus dem Lernschritt a) *Sehen* werden mit eingebracht. Dabei können folgende Arbeitsanweisungen hilfreich sein:
- Benennt, wo heute „Hunger" oder „Wohnungsprobleme" anzutreffen sind.
- Fragt danach, wo und wie Menschen in Armut oder Benachteiligung geraten sind.
- Überlegt, wie konkret Hilfe aussehen kann.
- Überlegt Argumente, warum Menschen geholfen werden sollte. Schreibt auf, warum Menschen sagen, da kann man nicht helfen.

⇨ Eine *Pro- und Kontra-Diskussion* zu den einzelnen Themenfeldern findet statt.
Ein „Talkmeister" (kann L. sein) führt in das Thema ein. Die Kleingruppen tragen ihre Arbeitsergebnisse vor, sie benennen die „pro" und „kontra" Argumente (möglichst mit verteilten Rollen). Anschließend können die „Experten" (Mitglieder der Kleingruppen) von den übrigen Sch. befragt werden.

⇨ L. schreibt Mt 25,40b *Was ihr getan habt ...* an die Tafel. Ein Gespräch über den Anspruch des Bibeltextes wird eingeleitet.

Weitere Unterrichtsschritte können sein:

⇨ In Gruppen werden zu den 6 Problemfeldern *Collagen/Poster* entworfen. Die Text- und Bildbeispiele können dabei verwendet werden, genauso die Erfahrungen, Dokumente und Beispiele aus dem Lernschritt. Die Ergebnisse werden vorgestellt und diskutiert.

⇨ Die Lerngruppe erkundet, in welchen Einrichtungen und von welchen Institutionen und Personen konkret gehandelt wird. Sie *lädt Personen*, die bei „amnesty international“, in Diakonischen Einrichtungen oder einer Sozialstation arbeiten, zum Gespräch *ein*. Sie befragt die Personen nach ihren Motiven des Handelns.

⇨ Die Lerngruppe geht der Frage nach, wie und wo sie *selbst „lebensfördernd“ handeln* kann (z.B. eine Partnerschaft zu einem Altersheim oder Behindertenwohnheim aufnehmen; einen Brief schreiben für den „Gefangenen des Monats“ – Aktion von „amnesty international“).

c) Handeln

Hier konkrete Arbeitsanweisungen zu geben, wäre vermessen. Zu hoffen ist, daß aus den Lernschritten a) und b) *Aktionen* erwachsen. Erwarten Sie nicht zu viel. Selbst kleine Schritte, ein Plakatentwurf, ein Brief, eine Unterschrift, im Eine Welt Laden einkaufen, sind Handlung, sind der Beginn eines Weges, Stellung zu beziehen und sensibel für das Zusammenleben in der Einen Welt zu werden.

B. Zum Beispiel Kaffee

Mit den folgenden Materialien kann das Thema *Kaffee* und seine Bedeutung für das weltweite Zusammenleben behandelt werden. Sie sind nach 3 Gesichtspunkten gegliedert:

⇨ *Zahlen*
M 1–4 kann entnommen werden, welche Bedeutung Kaffee für den *Welthandel* hat, wer wo mit Kaffee Geld verdient und wie durch niedrige Kaffeepreise Ungerechtigkeit entsteht.

⇨ *Von Kaffeebauern und -pflückerInnen*
M 5 schildert die Lebensbedingungen derer, die Kaffee anbauen, ernten und Rohkaffee verkaufen.

⇨ *„Fairer Kaffee“*
In **M 6** wird über die Aktion von *Transfair* berichtet.

Die abgedruckten Materialien können nach den Lernschritten im A-Teil erschlossen werden.

5. Das Thema in Schulbüchern und Unterrichtsmaterialien

- Hanisch, Helmut u.a. (Hg.): Kursbuch Religion. Neuausgabe 7/8. Calwer/Diesterweg, Stuttgart/Frankfurt a.M. 1991, „Kirchen am Ort – Kirchen in der Welt“, S. 108–109.
- Schwieger, Michael (Hg.): LebensZeichen 7/8. Vandenhoeck & Ruprecht, Göttingen 1992, „Eine Kirche – viele Kirchen. Zwischen Ortsgemeinde und Ökumene“, S. 85–101.
- Brummack, Dorothea u.a. (Hg.): Anpassung oder Wagnis. Materialien für den RU in der Sek I. Diesterweg, Frankfurt a.M. 1973[3], „Die Kirche in der Welt“, S. 122–131.
- Halbfas, Hubertus: Religionsbuch für das 9./10. Schuljahr. Teil 1. Patmos, Düsseldorf 1991, „Die Ökumene“, S. 229–238.
- Kalmbach, Wolfgang u.a. (Hg.): Baupläne Religion 8. Calwer, Stuttgart 1991, „Die ganze Welt ist unsere Arche“, S. 107–128.

6. Materialien und Medien

Dias

- Tötet meine Kinder nicht, 48 Farbdias zum Thema Straßenkinder in Brasilien mit Begleitheft, Bestell-Nr.: 632192, 12 DM, Misereor, Postfach 1450, Aachen.
- TransFair-Diaserie „Kaffee", 36 Dias aus 3 Themenbereichen: Kaffeeanbau, Kaffeemarkt und Fairer Handel, ohne Bestell-Nr., 12 DM, Misereor.

Filme

- Gegenmacht, Videofilm 30 Min., 1990, Bestell-Nr.: 630495, 35 DM, Misereor, Thema: Ost-Zaire, Widerstand gegen Mobuto.
- Wie Hunger gemacht wird, 2 x 44 Min., Dokumentarfilm, ab 14 Jahre.

Spiele

- Das Kaffeespiel, Boden zum Überleben, für 12 bis 28 Spieler/innen ab 12 Jahre, Bestell-Nr. 522493, 20 DM, Misereor.
- Wer knackt die Paranuß, von E. Bolag, Thema: der Weg der Paranuß – vom Sammeln bis zum Nüsseknacken, für 8–10 Personen, ab 12 Jahre, Bestell-Nr.: 52292, 12 DM, Misereor.

M 1

Kaffee ist eine der klassischen Kolonialwaren, deren Anbau durch die europäischen „Mutterländer“ diktiert wurde. In kaum einem der heutigen Anbauländer war die Pflanze von Natur aus heimisch. Heute sind ganze Volkswirtschaften mehr oder weniger abhängig von der Kaffeewirtschaft; für viele Anbauländer ist der Rohkaffee-Export die wichtigste Devisenquelle. Weltweit leben etwa 100 Millionen Menschen von Kaffeeanbau und -ernte, Verarbeitung und Vertrieb. Etwa ein Drittel bis die Hälfte der landwirtschaftlichen Produzenten sind Kleinbauern mit wenigen Hektar Anbaufläche. Mit einem statistischen Pro-Kopf-Verbrauch von vier Tassen täglich gehören die Deutschen zu den Spitzenreitern beim Kaffee-Konsum. (...) Ein Industriearbeiter in Deutschland muß heute keine 20 Minuten mehr arbeiten, um das Geld für ein Pfund Röstkaffee zu verdienen. 1985 waren es noch 60 Minuten, 1969 zwei Stunden und 1958 über vier Stunden. Ganz anders sehen die Austauschverhältnisse für die kaffeeproduzierenden Länder aus: Sie müssen immer mehr Kaffee verkaufen, um dringend benötigte Industriegüter einkaufen zu können. Für die Anschaffung eines LKW beispielsweise reichte 1985 noch der Erlös aus 92,5 Sack Rohkaffee, vier Jahre später mußte dafür schon mehr als das Dreifache, nämlich der Gegenwert von 332,6 Sack, auf den Tisch gelegt werden. Für diese Schieflage sind im wesentlichen zwei Ursachen verantwortlich:

Die Abhängigkeit der Erzeugerländer vom Rohstoff Kaffee zur Devisenerwirtschaftung – die durch die meist hohe Verschuldung noch verschärft wird – führt in einen Teufelskreis von Überproduktion und erneutem Preisverfall. Bis 1989 hielt eine Quotenregelung im Rahmen des Internationalen Kaffeeabkommens (ICA) Nachfrage und Preis noch einigermaßen im Gleichgewicht. Diese Regelung ist jedoch seitdem nicht mehr in Kraft getreten, was den Sturz der Preise (abgesehen von bisher nur einer kurzfristigen Erholung) beschleunigt hat.

Zum zweiten ist der internationale Kaffeehandel zum großen Teil ein Spekulationsgeschäft. Der Weltmarktpreis wird an den Börsen in New York (für Arabicasorten) und London (Robusta) gebildet, ohne daß die Anbauländer oder gar die Kleinproduzenten selbst einen Einfluß darauf haben. Dabei ist aber der Weltmarktpreis für diese geradezu eine schicksalhafte Größe-

Aus: gepa, Fair Handelshaus, Faltblatt, Das Kaffee-Sortiment, S. 2 und 4; zu beziehen: gepa, Pf. 260147, 42243 Wuppertal.

M 2

Austauschverhältnisse an der deutschen Grenze

Austauschverhältnisse an der deutschen Grenze

Dem Wert eines Lastkraftwagens/ Ackerschleppers entsprechen:	1985 (Jahresdurchschnitt)	1989 (Dezember)
Lastkraftwagen (6-10 t)	92,5 Sack Kaffee	332,6 Sack Kaffee
	44,3 t Bananen	69,4 t Bananen
Ackerschlepper (37-59 kW)	54,9 Sack Kaffee	190,0 Sack Kaffee
	26,3 t Bananen	39,7 t Bananen

= 5 t Bananen   = 20 Sack (à 60 kg)

Heinz-Werner Hetmeier in: Frankfurter Rundschau 28.02.1990

Aus: TransFair-Materialheft „Kaffee". Materialien für Bildungsarbeit und Aktionen, hrsg. von Misereor und Brot für die Welt für TransFair e.V., © Misereor Medienproduktion und Vertriebsgesellschaft, Aachen, 2. überarbeitete Auflage, 1994.

M 3

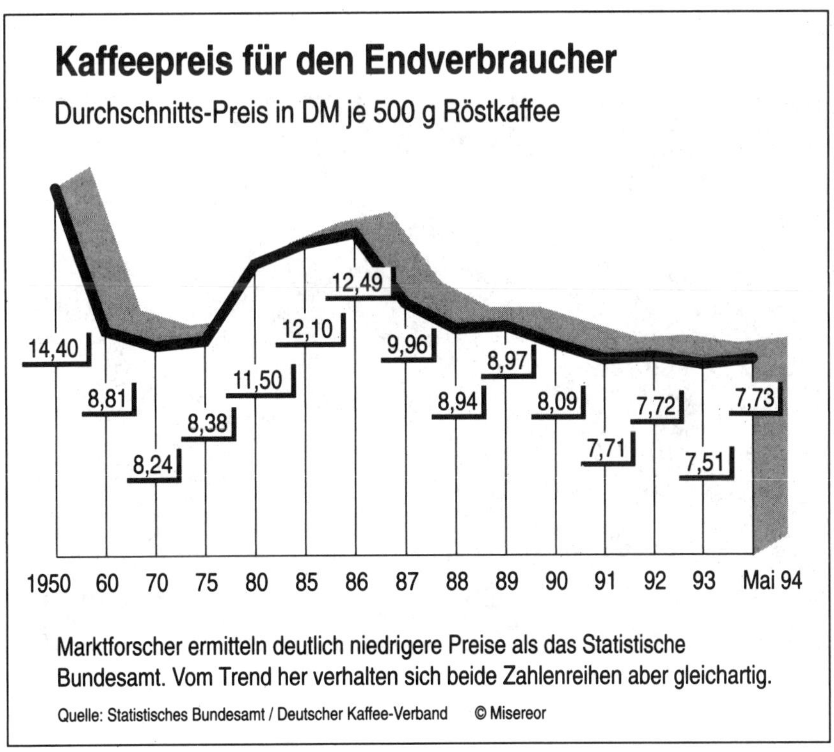

Aus: TransFair-Materialheft „Kaffee", a.a.O.

M 4

Der Kaffeepreis an der Ladentheke

Der Ladenpreis setzt sich zusammen aus dem Einfuhrpreis für Rohkaffee (einschließlich Transport und Versicherung) sowie Verarbeitungskosten, Steuern und Handelsmargen. Letztere fallen alle hier in Deutschland an. Die Kosten und Preise für die einzelnen Kaffeemarken unterscheiden sich stark nach Herkunftsländern, Sortenmischungen, Verarbeitung, Handelsgewinnen und Marktsegmenten (Hochpreisprodukt, Niedrigpreisangebote) und anderes mehr. Allgemeingültige Angaben über die Zusammensetzung des Ladenpreises sind deshalb kaum möglich. Nach Angaben von Branchenkennern lassen sich jedoch für 1993 folgende Durchschnittswerte schätzen:

„Dritte Welt"	Plantagenarbeiter (Pflücker/innen)	4%
	Plantagenbesitzer	8%
	Zwischenhändler/Exporteur	6%
	Exportsteuer	6%
„Weltmarkt"	Seefracht, Versicherung	1%
„Erste Welt"	Einfuhrzoll EU	1%
	Importeur	4%
	Röster (inkl. Mahlen, Mischen, Verpacken etc.)	25%
	Kaffeesteuer	29%
	Einzelhändler	10%
	Mehrwertsteuer	6%
	Gesamt: 7,20 DM pro Pfund	**100%**

Aus: Holger Baum / Dieter Offenhäußer, Kaffee: Armut – Macht – Märkte, Horlemann-Verlag, Bad Honnef 1995², S. 89.

M 5

Leben auf der Kaffee-Finca

Rigoberta Menchá, eine India aus Guatemala, schildert das Leben der Saisonarbeiter auf den Kaffeeplantagen. Rigoberta Menchá wurde 1992 für ihren Einsatz für die Menschenrechte der Indios mit dem Friedensnobelpreis geehrt.

An die Lastwagen kann ich mich noch erinnern. Erst hatte ich überhaupt keine Vorstellung davon, aber dann war es für mich so schrecklich, weil ich den Gestank und das alles nicht vertragen konnte. Die Lastwagen waren für je eine Gruppe von 40 Personen. Zu den 40 Personen kamen noch Hunde, Katzen und Hühner hinzu, all die Tiere, die die Leute aus dem Hochland mit zur Küste nehmen, wenn sie zur Arbeit auf die Fincas fahren. Manchmal dauert die Fahrt zwei Nächte und einen Tag und länger. Die Tiere und die Kinder fingen zuerst an, den Wagen zu beschmutzen, und der Gestank von dem ganzen Dreck, von Tieren und Menschen, war nicht auszuhalten. Die Leute bekommen fünf Quetzales *[guatemaltekische Währung]* als Vorschuß, der ihnen hinterher vom Lohn wieder abgezogen wird. Und die Fröhlichen wie die Traurigen fangen an zu trinken, weil sie die heimatliche Erde des Altiplano verlassen müssen, um in nächster Zeit ohne Pause und bis zur Erschöpfung zu arbeiten. Schon im Dorf fangen sie an, Schnaps zu trinken. Ich kann mich erinnern, daß meine Eltern das auch taten. Während der Fahrt müssen dann einige erbrechen. Alles, was sie tagsüber gegessen haben, kommt ihnen heraus. Dieser ganze Gestank vermischt sich, und am Ende der Fahrt ist man ganz stumpfsinnig und dumm im Kopf.

Während der ganzen Fahrt bleibt die Plane des Lastwagens geschlossen, so daß wir weder die Landschaft sehen können noch die Orte, durch die wir fahren. Die meiste Zeit schläft man, weil man es anders nicht aushält. Durch den Gestank, der sich in den abgedeckten Lastwagen sammelt, fängt man schließlich selbst an, sich zu übergeben, so daß wir auf der Finca ankamen wie ein Haufen Mist, wie ein Haufen eng zusammengepferchter Hühner, die kaum noch einen Fuß vor den anderen setzen konnten. Der Lastwagen fährt und fährt, und wenn man mal muß, kann man gar nichts machen, weil man uns nie aussteigen läßt. Manchmal waren die Fahrer auch betrunken. Dann hielten sie unterwegs dauernd an und tranken weiter, aber uns haben sie nie vom Lastwagen runtergelassen. All das machte mich manchmal so zornig, daß ich meine Mutter fragte: „Warum fahren wir überhaupt auf die Finca?" Und meine Mutter sagte: „Die Not zwingt uns, auf der Finca zu arbeiten. Wenn du einmal groß bist, wirst du unsere Not verstehen." Aber was ich damals verstand war, daß mich alles anekelte. Später habe ich dann gesehen, wie alles war.

Mit acht Jahren verdiente ich mein erstes Geld auf der Finca. Ich hatte täglich 35 Pfund Kaffee zu pflücken und bekam dafür 20 Centavos. Wenn ich die Menge nicht schaffte, mußte ich am nächsten Tag für dieselben 20 Centavos weiterarbeiten. Wenn man einmal sein Tagessoll nicht schaffte, blieb man unweigerlich mit seiner Arbeit zurück, bis man am Schluß vielleicht zwei ganze Tage unentgeltlich nacharbeiten mußte, um das Gesamtsoll zu erfüllen.

Meine Brüder hatten ihre Arbeit so gegen sieben oder acht Uhr abends beendet und boten sich an, mir zu helfen. Ich sagte, daß ich selbst damit fertig werden müsse, denn wie sollte ich es sonst jemals lernen. An manchen Tagen schaffte ich kaum 28 Pfund. Besonders, wenn es so heiß war. Da bekam ich Kopfschmerzen und war oft so erschöpft, daß ich mich unter einen Kaffeestrauch legte und schlief, und da fanden mich dann meine Brüder.

Zum Verrichten unserer Bedürfnisse mußten wir uns in kleinen Gruppen abwechseln. Es gab keine Klos oder Latrinen auf der Finca, und so gingen die Leute in den Wald. Es gab eine Stelle, wo das Strauchwerk sehr dicht war. Dorthin gingen alle; das war unser Klo. Damals arbeiteten 400 Leute auf der Finca, und immer wenn eine Gruppe zurückkam, ging die nächste. Immer alle ins gleiche Gebüsch. Es wimmelte dort von Fliegen.

In unserer Baracke gab es nur einen Bottich mit Wasser, und der reichte nicht einmal zum Händewaschen für alle. Weiter weg gab es Brunnen, aus denen das Wasser für die Bewässerung der Plantagen kam. Zu diesem Brunnen mußten wir laufen, um uns Wasser in Flaschen abzufüllen, damit wir bei der Arbeit auf dem Feld etwas zu trinken hatten.

Die Kaffebohnen werden von den Sträuchern gepflückt, aber manchmal, wenn sie schon sehr reif sind und von selbst von den Sträuchern fallen, müssen sie aufgesammelt werden. Das ist schwieriger als pflücken. Bei der Arbeit muß man sehr behutsam sein, damit kein Strauch beschädigt wurde. Die Aufseher beobachteten uns scharf, und jeder kleine Schaden wurde Bohne für Bohne vom Lohn abgezogen. So lernten wir schon als Kinder, besonders achtsam und vorsichtig zu sein. Kaffeepflücken war wie das Behandeln einer Verletzung.

Zwei Jahre lang arbeitete ich für 20 Centavos, obwohl ich oft mehr als 35 Pfund pflückte. Ich schaffte immer mehr und steigerte mich um ein, zwei, drei Pfund. Als ich 70 Pfund pro Tag schaffte, zahlten sie mir dafür 35 Centavos. Ich war stolz, daß ich jetzt merklich zum Lebensunterhalt der Familie beisteuern konnte, und fühlte mich wie ein erwachsener Mensch. Ich plagte mich jeden Tag aufs neue, um meinen Eltern das Leben ein wenig zu erleichtern.

Aber die Arbeit auf den Fincas war nicht nur hart, die Arbeiter wurden auch betrogen. Es gibt ein Büro auf der Finca, in dem die Menge, die jeder Arbeiter tagsüber geerntet hat, gewogen und notiert wird. Meine Brüder – gescheit wie sie waren – hatten einmal herausgefunden, daß alle Gewichte gefälscht waren. Sie zeigten viel weniger an, als tatsächlich gepflückt worden war. Das passiert überall. Die Senores, die unsere Arbeit kontrollieren, bereichern sich an uns. Vom ersten Tag an, wenn die Agenten in die Dörfer kommen und die Leute anheuern, werden wir wie Vieh behandelt. Auf den Lastwagen oder auf der Finca – jede Kleinigkeit, jede Handreichung muß bezahlt werden. Bis zum letzten Tag, wenn die Rechnung in Centavos beglichen wird, bestehlen sie die Arbeiter.

Aus: Elisabeth Burgos, Rigoberta Menchú – Leben in Guatemala, Lamuv-Verlag, Göttingen.

M 6

Die „katholischen Weiber" – oder alternatives Marketing für fair gehandelten Kaffee

„Haltet uns die katholischen Weiber vom Leib." Mit diesem Hilferuf richteten sich im Sommer 1993 genervte Einzelhändler und Leiter von Supermärkten an die REWE-Zentrale in Köln. Bei den Einkaufsmanagern im Verwaltungsgebäude einer der größten deutschen Lebensmittelketten, in unmittelbarer Nähe zum Dom gelegen, hatten die Glocken freilich schon einige Monate früher geläutet, als sich Vertreter einer kleinen Organisation mit dem Namen „TransFair" zum Gespräch anmeldeten. Ihr Anliegen: Die REWE möge doch dafür sorgen, daß in ihren Geschäften künftig fair gehandelter Kaffee angeboten werde. Nach anfänglichem Zögern kam aus der Chefetage grünes Licht. Man wolle es mal versuchen, aber – so wurde gleich unmißverständlich klargemacht – sollten die Kunden nicht zugreifen, würde der Kaffee mit dem TransFair-Siegel auf der Packung bald wieder „ausgelistet".

Grünes Licht kam auch von COOP, Tengelmann und Horten, von Hertie und dem Kaufhof, von Spar und Asko, von Lidl & Schwarz und der großen Metro. Obgleich nicht alle örtlichen Marktleiter, die die letzte Entscheidung darüber fällen, welche Produkte ihr Geschäft führt, den Entscheidungen der Konzernzentralen folgten, stand Mitte 1993 fair gehandelter Kaffee in den Regalen von über 20.000 Supermärkten. Und damit er dort nicht als Ladenhüter stehen blieb, mußte sich TransFair einiges einfallen lassen, um die deutschen Kaffeekäufer zur Nachfrage zu animieren. Angesichts der Tatsache, daß fair gehandelter Kaffee um fast zwei Mark teurer ist, kein leichtes Unterfangen. Anders als den großen Kaffeemultis wie Jacobs, Eduscho, Melitta und anderen mit ihren 393 Millionen Mark schweren Werbeetats pro Jahr standen TransFair gerade mal ein paar zehntausend Mark zur Verfügung.

Gegen die Werbemillionen bestehen zu wollen – das Vorhaben wäre vermutlich kläglich gescheitert, hätten Trans-Fair nicht viele tausend Bürgerinnen und Bürger zur Seite gestanden. Mobilisiert worden waren sie von den über 30 TransFair-Trägerorganisationen: Die Katholische Frauengemeinschaft zählt ebenso dazu wie die Entwicklungsorganisationen BROT FÜR DIE WELT, Misereor, Welthungerhilfe und UNICEF, die Verbraucherinitiative, Pfadfinder- und Jugendorganisationen, Dritte-Welt-Gruppen, die Friedrich-Ebert-Stiftung oder der SPD Aktionskreis Nord-Süd.

In einer beispiellosen Informationskampagne machten sie die Öffentlichkeit mobil: Ausschankaktionen vor und in Supermärkten brachten die anfangs skeptischen Kaffeekunden auf den Geschmack. Zurückhaltende Marktleiter wurden mit der Frage konfrontiert, wann denn endlich der fair gehandelte Kaffee da sei. Plakat- und Flugblattaktionen auf Straßen, in Kirchengemeinden, Schulen, Universitäten und Bildungshäusern sorgten für Information. Schließlich entdeckten die Medien das Thema. In Verbrauchersendungen, auf Lokalseiten, in Wirtschaftsmagazinen und Fachblättern berichteten die Journalisten. Prominente – von Richard von Weizsäcker über Rita Süssmuth bis hin zu Willy Milowitsch und Marie-Luise Marjan – machten sich stark für TransFair.

Ein Drittel aller Bundesbürger, so ergab eine Emnid-Umfrage, wußten innerhalb weniger Monate Bescheid. In einigen Regionen der vereinten Bundesrepublik, dort, wo besonders intensiv geworben wurde, stieg der Marktanteil für Kaffee mit dem TransFair-Siegel auf bis zu zehn Prozent. Bezogen auf den gesamten deutschen Kaffeemarkt war bis Ende 1993 ein Marktanteil von rund einem Prozent erreicht. Anders ausgedrückt: Zwischen April, als fair gehandelter Kaffee in den Supermärkten eingeführt wurde, und Juni 1994 wurden etwa zehn Millionen Pfundpackungen verkauft. Für die beteiligten Kleinbauerngenossenschaften in den Anbauländern bedeutete dies einen Erlös auf dem deutschen Markt von rund 28 Mio. DM – das sind etwa 15,5 Mio. DM mehr als sie üblicherweise bekommen hätten. Europaweit (Holland, Belgien, Luxemburg, Großbritannien, Schweiz, Österreich und Deutschland) betrug der Umsatz für fair gehandelten Kaffee 1993 ca. 45 Mio. DM.

Aus: Holger Baum/Dieter Offenhäußer, a.a.O., S. 110f.

1. Für wen klagt die Organisation TransFair mehr „Fairness“ ein?
2. Von welchen Aktionen berichtet der Text? Ließe sich etwas davon nachmachen?
   Sammelt Ideen fürs Schulfest und darüber hinaus: Habt ihr eure Gemeindeverwaltung und andere Großverbraucher schon vom fairen Kaffee überzeugt? Sammelt Argumente und Unterschriften für einen offenen Brief.

M 7

Fragebogen zum Thema Kaffee

TRANSFAIR

Aktion

1 Angaben zum Kaffee

A Trinken Sie regelmäßig (Ja / Nein)

- Kaffee? .... ☐ ☐
- Tee? .... ☐ ☐
- keines von beiden? .... ☐ ☐

B Haben Sie eine besondere Lieblingsmarke?

Ja: .... (Name) Nein ☐

- Wissen Sie, was ein Pfund Ihres Lieblingskaffees zur Zeit kostet?

Ja: .... (Preisangabe) Nein ☐

C Gibt es eine Kaffeesteuer? .... Ja ☐ Nein ☐

- Schätzen Sie, wie hoch der Kaffeesteuersatz auf 1 kg Kaffee in Deutschland ist:

DM 2,30 ☐ DM 3,65 ☐ DM 4,30 ☐

D Kaufen Sie Ihren Kaffee

- regelmäßig in einem bestimmten Geschäft? .... Ja ☐ Nein ☐
- falls ja, in welchem?

.... (genaue Angabe)

2 Angaben zum fair gehandelten Kaffee

A Haben Sie schon mal etwas vom Kaffee aus Fairem Handel (Ja / Nein)

- gehört? .... ☐ ☐
- selbst getrunken? .... ☐ ☐
- selbst gekauft? .... ☐ ☐

(Falls alle 3 Punkte mit „Nein" beantwortet werden, entfallen die nächsten beiden Fragen)

B Kennen Sie das TRANSFAIR-Gütesiegel? Ja ☐ Nein ☐

C Können Sie etwas zu dem Kaffee mit diesem Gütesiegel sagen?

Ja: .... Nein ☐

Kennen Sie eine bestimmte Marke?

Ja: .... Nein ☐

Können Sie etwas zum Preis sagen?

Ja: .... Nein ☐

- etwas zum Geschmack?

Ja: .... Nein ☐

- was man mit dem Verkauf dieses Kaffees erreichen will?

Ja: .... Nein ☐

D Würden Sie es gut finden, wenn dieser fair gehandelte Kaffee in dem Geschäft bzw. Supermarkt erhältlich wäre, in dem Sie normalerweise Ihre Lebensmittel einkaufen? .... Ja ☐ Nein ☐

E Wären Sie bereit, für einen Kaffee, dessen Verkauf den Kleinbauern und ihren Genossenschaften in der sogenannten Dritten Welt besonders zugute käme, mehr zu bezahlen? .... Ja ☐ Nein ☐

Falls ja: DM 1,- mehr pro Pfund .... ☐
DM 2,- mehr pro Pfund .... ☐
DM 3,- mehr pro Pfund .... ☐

3 Angaben zur Person

männlich ..... ☐ weiblich ..... ☐

Alter zwischen .... 10 - 20 Jahren ..... ☐
21 - 30 Jahren ..... ☐
31 - 40 Jahren ..... ☐
41 - 50 Jahren ..... ☐
51 - 60 Jahren ..... ☐
über 60 Jahre ..... ☐

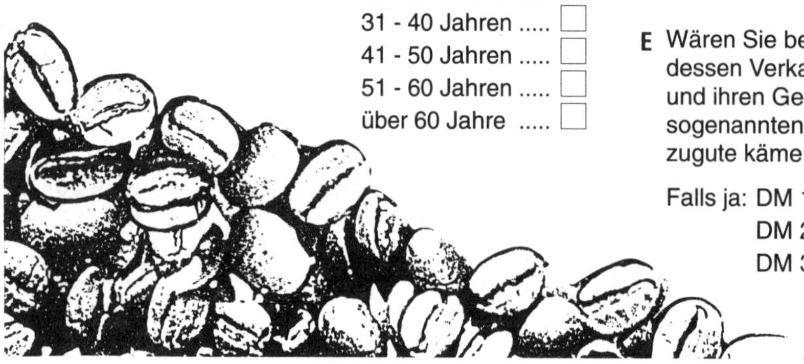

Aus: TransFair-Materialheft „Kaffee", a.a.O.

M 8

Aus: Plantu. Umarmungen. Die „Dritte Welt" und wir, berechtigte Lizenzausgabe 1980 by Edition Terre des hommes im Verlag Jungbrunnen, Wien – München.

Die Karikatur könnt ihr für einen Projekttag o.ä. auch in Szene setzen ...

M 9

Wie wär's zur Vorstellung des fair gehandelten Kaffees mit einem kleinen „CAFFEE-Kanon" ...?

CAFFEE

Kanon für 3 Stimmen

Textfassung: Siegfried Macht
Melodie: Karl Gottlieb Hering

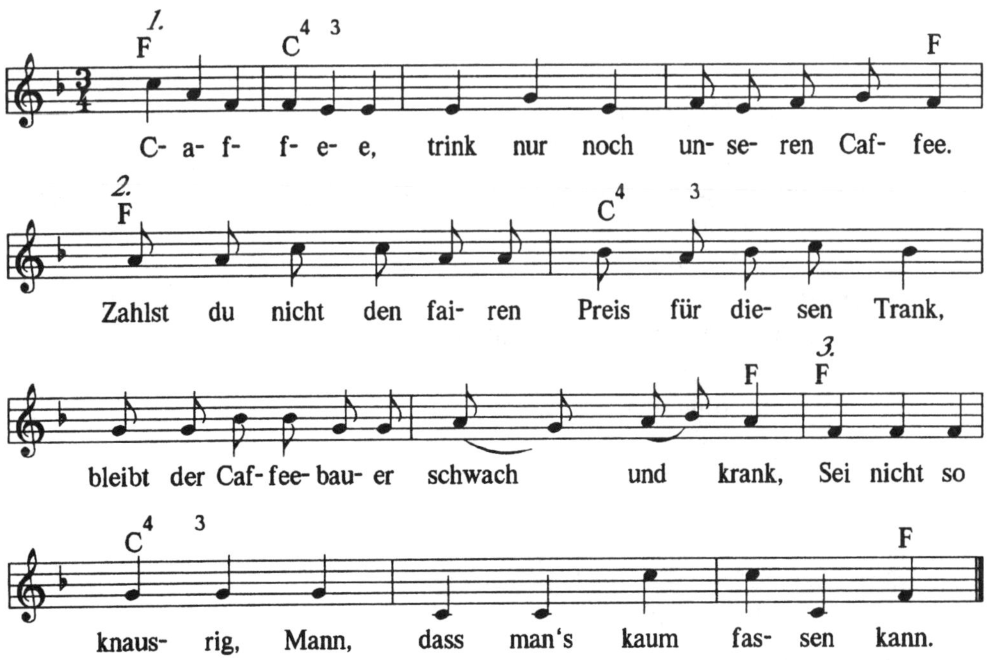

Rechte beim Autor.

M 10

S. Macht

1. Welches Problem bildet die Zeichnung ab?
2. Sammelt weitere Karikaturen (schaut in Zeitungen, Zeitschriften, Illustrierten nach), auch Gedichte, Lieder, ganze Reportagen zum Thema.

M 11

Schuldfrage

die erste und die zweite welt
entschuldigen sich
bei der dritten
die
nimmt die entschuldigung an
nun hat sie
die schulden

S. Macht

1. Welche Erdteile bezeichnet man als „Erste/Zweite/Dritte Welt“?
2. Um welche Entschuldigung(en) könnte es gehen?
3. Welche Schulden sind angesprochen?
4. Wie hängen Schuld (Entschuldigung) und Schulden zusammen?

M 12

Die Welt als Schachbrett

Anregung für eine Vitrine in der Eine-Welt-Ausstellung: Weltkarte mit Schachbrett unterlegt

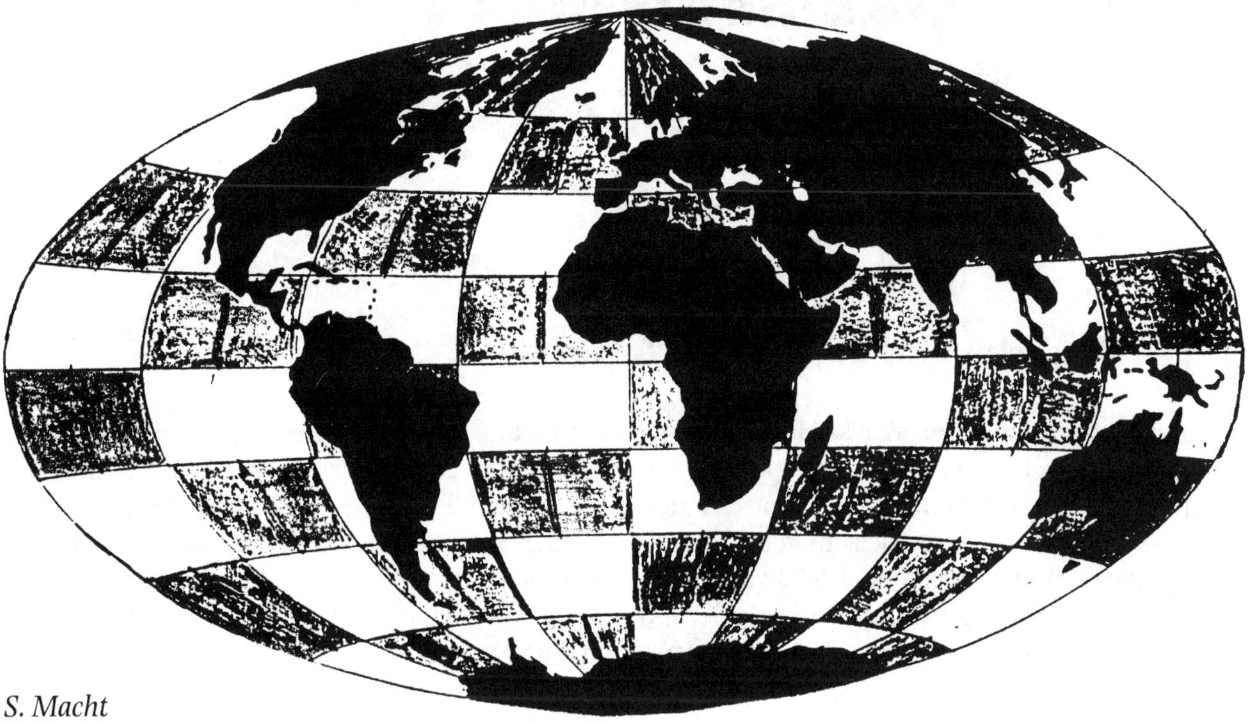

S. Macht

Maßstab bzw. Vergrößerung so wählen, daß zur Verfügung stehende Schachfiguren zu den (Schlacht?–)Feldern passen.

Verschiedene (Auf-)Stellungen sind möglich und sollten in der Vorbereitungsgruppe erörtert bzw. auf ihre möglichen Aussagen, auf Assoziationsreichtum, Eindeutigkeit usw. hin verglichen werden. Beispiele:

- alle Figuren liegen umgefallen auf dem Spielplan,
- alle Figuren liegen umgefallen neben dem Spielplan,
- lediglich die beiden Könige sind noch im Spiel (die anderen fehlen oder liegen umgefallen),
- bestimmte Figurenkonstellationen auf bestimmten Staaten verdeutlichen Überbevölkerung, Spannungsgebiete, ungerechte Verteilungen (z. B. zwei oder mehr „Könige" in Europa/Nordamerika, zahlreiche „Bauern" in Südamerika, Afrika ...).

7 Europa wächst zusammen: Ökumenisches Lernen II

1. Theologische und didaktische Aspekte

Grenzenlos zeigt sich ein großer Teil Europas. 340 Millionen Menschen vereint die Europäische Gemeinschaft, die seit Januar 1993 durch den Maastrichter Vertrag eine Vielzahl von nationalen Grenzen aufgehoben hat. Gleichzeitig brechen in anderen Teilen Europas nationale und ethnische Konflikte in aggressiver Weise hervor, Kriege werden geführt, einige sprechen von einem Rückfall ins Mittelalter. Neue Staaten entstehen. Gegenwärtig gibt es 47 Staaten zwischen Atlantik und Ural, zwischen dem Mittel- und Nordmeer.

Auch die Kirchen in Europa spiegeln beide Erscheinungsformen wider. Oft haben sie – vor allem in der Geschichte – ihre Konflikte durch Spaltungen gelöst. So können wir bis heute beobachten, wie konfessionelle Trennlinien parallel zu kriegsträchtigen, kulturellen und nationalen Grenzen verlaufen. Gleichzeitig gibt es viele, die sich für die Ökumene und das gemeinsame Zusammenleben aller einsetzen. Neben den großen ökumenischen Versammlungen in der Geschichte (so schon 1910 die Weltmissionskonferenz in Edinburgh) waren es zuletzt die ökumenischen Versammlungen in Basel (1989) und Prag (1992), auf denen sich die Kirchen mit einer Stimme zu ihrer gemeinsamen Verantwortung für Europa ausgesprochen haben. Es wurde deutlich, Europa braucht nicht die Profilierung dieser oder jener Konfessionalität, sondern den Aufbruch aus konfessioneller Enge in die ökumenische Weite, damit Versöhnung und Solidarität im ganzen Europa gelingt. Die ökumenischen Treffen zeichnen sich dadurch aus, daß Konfessionalität, Traditionen und nationale Gegebenheiten nicht geleugnet werden, aber darüber hinaus das Verbindende und Gemeinsame gesucht wird, für das sich alle engagieren können.

Dabei haben wir das, was *Ökumenisches Lernen* heißt, schon am Anfang des vorangehenden Kapitels beschrieben. *Ökumene* haben wir definiert als ein sich *Einleben in den großen Haushalt der bewohnten Erde*. Ökumene hat zwar dabei immer den globalen Aspekt und weltweite Zusammenhänge im Blick, der kann jedoch nur gelingen, wenn er auch in der näheren Umgebung, in Familie, Schule, Gemeinde, Nation, eben auch in Europa angewendet wird.

Erfreulich ist auch, daß sich zunehmend der Gedanke durchsetzt, Momente der Exklusivität der eigenen Konfessionalität gegenüber anderen christlichen Kirchen abzubauen. Gerade in ihrer Art des Umgehens mit Konflikten, Gegensätzen, kultureller und nationaler Unterschiedlichkeit, in ihrem solidarischen Verhalten untereinander, in ihrem Engagement für Frieden und Versöhnung, im Umgang mit theologischen Meinungsverschiedenheiten können christliche Kirchen Beispiele geben und gesellschaftliche Prägekraft entfalten.

2. Intentionen

Die Sch. sollen
- ökumenisches Lernen in Europa als eine Lernbewegung entdecken, die über nationale und konfessionelle Grenzen hinaus die gemeinsame Verantwortung für das Zusammenleben aller Menschen im Blick hat,
- ökumenisches Lernen als ein an der biblischen Botschaft orientiertes Lernen verstehen,
- die Lernschritte „Sehen", „Urteilen", „Handeln" exemplarisch an aktuellen Lernfeldern nachvollziehen,
- christliche Existenz und Weltverantwortung, Glaubenspraxis und ethisches Handeln als zusammengehörige Lebenspraxis sehen lernen.

3. Literatur zur Vorbereitung

- Thema „Europa", in: Ev. Erz. 1/1992, S. 20 f.
- Daunis, Roberto u.a.: Junge Christen in Europa. Materialien für den Unterricht. Europa Union Vlg., Bonn o.J.
- Sauer, Ralph/Mokrosch, Reinhold: Ökumene im Religionsunterricht. Gütersloher Verlagshaus, Gütersloh 1994.
- Gutschera, Herbert u.a.: Geschichte der Kirchen. Ein ökumenisches Sachbuch mit Bildern. Grünewald Vgl., Mainz/Stuttgart 1992.
- Frieling, Reinhard: Der Weg des ökumenischen Gedankens. Zugänge zur Kirchengeschichte Bd. 10. Vandenhoeck & Ruprecht, Göttingen 1992.

4. Unterrichtsideen/Verlaufsplanung

In den hier vorgestellten Bausteinen wird keine Konfessionskunde der Kirchen in Europa vorgestellt, auch kein „Geschichtsunterricht" über die Ökumene. Das kann in vielen Schulbüchern nachgelesen werden. Der Schwerpunkt der vorgestellten Unterrichtsschritte liegt vielmehr darin, in ökumenisches Lernen im Lebensraum Europa einzuführen.
Das geschieht an Beispielen:

(A) Bildbetrachtung zu „Komm herüber nach Mazedonien und hilf uns"

(B) Ökumenisches Forum christlicher Frauen in Europa

(C) Die ökumenische Versammlung in Basel „Der Heilige Geist kann schwimmen".

A. Komm herüber nach Mazedonien und hilf uns

a) Zum Bild (M 1):

Komm herüber nach Mazedonien und hilf uns (Apg 16,9). Diesen Satz hört der Apostel Paulus einen Mann sprechen, von dem er eines Nachts eine „Erscheinung" hat. In der Gewißheit, daß Gott ihn dort hin berufen hat, macht sich Paulus sogleich auf den Weg.

1900 Jahre später hat der griechische Maler Rallis Kopsidis zu diesem Bibelvers ein Fresko in der Kirche St. Paul im orthodoxen Zentrum des ökumenischen Patriarchats in Chambery, Genf gemalt.

Gegensätze bestimmen das Bild: In einer blühenden Landschaft ruht der Apostel Paulus, an eine Steinplatte gelehnt. Selbst antike Säulenreste stören die Idylle nicht. Der Rand des unteren

Teiles des Bildes hat die Form eines Schiffes, das auf dem blauen Meer dahingleitet. Unten am Boden des Schiffes die Aufschrift: „Die Vision des Apostel Paulus". Der Horizont zeigt Mazedonien: ein gewaltiger Industriekoloß, da wächst kein Gras mehr, Rauch, der aus vielen Schloten steigt, bedeckt den Himmel, er fließt an den Bildrändern bis zum Boot des Paulus herunter. Über den Schornsteinen der Industrieanlage kann man ein Transparent mit der Anschrift „Komm herüber nach Mazedonien und hilf uns" erkennen.

Ganz oben ist die im Grau des Rauches verhüllte Sonne zu sehen, an ihrem unteren Rand wird der „Strahlenkranz der Ewigkeit" sichtbar. Tropfengleich schweben Apostel im Himmel, doch auch sie werden vom Rauch bedroht.

Wenn man genau hinschaut, sind in der gigantischen Industrieanlage kleine uniformierte Menschen zu erkennen. Sie erheben ihre Hände zum Hilferuf. Es scheint, als rufen sie nach dem Retter: „Paulus, komm herüber nach Mazedonien und hilf uns".

Gegenwartsprobleme und biblische Botschaft werden im Wandgemälde miteinander verknüpft. Menschen scheinen in einem Industriekoloß verschluckt zu werden, unterzugehen. Sie rufen um Hilfe. Sie erwarten sie von dem, der die frohe Botschaft, das Evangelium bringt.

Die Bedrohungen der Welt sind nicht nur Industrieanlagen, „Verschlotungen", zubetonierte Landschaften und Verpestung der Luft. Sie stehen beispielhaft für andere Ereignisse und Phänomene wie Ungerechtigkeit, Armut, Obdachlosigkeit, Arbeitslosigkeit, ökologische Krisen, Kriege, Folter, Flüchtlingsprobleme usw. Es ist leicht, sich ähnliche Szenarien auszumalen wie die Industrieanlagen Mazedoniens, in denen Menschen vorkommen, die hilfesuchend ihre Hände heben und Rettung erwarten.

Doch wie müßte die frohe Botschaft des Paulus heute aussehen? Sicher reicht es nicht, nur antike Säulenreste und einen Garten mit Blumen an Bord eines rettenden Schiffes zu haben. Der nachdenkliche Paulus könnte die BetrachterInnen des Bildes dazu anstiften, miteinander nach Konkretisierungen der Hilfe aus biblischer Perspektive Ausschau zu halten und damit das Boot zu füllen.

b) Zum Unterrichtsverlauf:

⇨ Assoziationsphase: Das *Bild* (**M 1**) wird *als Folie* für alle gut sichtbar gezeigt. Die Lerngruppe äußert ihre Assoziationen, jede und jeder sagt, was ihr/ihm spontan zum Bild einfällt. Die Aussagen bleiben unkommentiert stehen.

⇨ Erschließungsphase: *Handbilder* werden *verteilt*. Einzelne Bildelemente werden in Gruppenarbeit erschlossen:
a) Die Industrieanlage wird genau beschrieben.
b) Eine weitere Gruppe beschreibt die untere Bildhälfte.
c) Eine 3. Gruppe untersucht den Verlauf des Rauches.
d) Sonne, Glanz der Ewigkeit und Apostel werden beschrieben.
e) Die Gesamtkomposition (Aufteilung des Bildes) werden benannt.

⇨ Nach dem Vorstellen der Gruppenergebnisse werden im Gespräch Fragen geklärt, u.a. wofür ist „Mazedonien" ein Synonym? Nach einer Bildüberschrift wird gesucht.

⇨ Bearbeitungsphase: Die Lerngruppe *gestaltet „Mazedonien" neu*. Andere Bedrohungen werden ins Bild gesetzt. **M 2** (als Folie) wird verteilt und mit Folienstiften bemalt. Jede/jeder setzt seine Szene in das Bild ein. Die Bedrohungen werden benannt und im gemeinsamen Gespräch konkretisiert. Die anderen in der Lerngruppe ergänzen das Gemalte mit ihren Erfahrungen.

⇨ Eine *Denkblase* wird dem Bild zugeordnet (**M 3**). Die Lerngruppe *sucht in der Bibel* und überlegt, zu welchen Bibeltexten Paulus wohl predigen könnte. (Es kann auch ein Bibeltext vorgeschlagen werden: „Stellt euch vor, Paulus predigt zu Mt 25,31–46". Alternativen dazu: Lk 10,25–37, Ps 8 oder Gen 11,1–9. „Schreibt in Stichworten auf, was er den Menschen, die Not erleben, heute sagen könnte.")

⇨ Die Menschen in Not haben die Predigt des Paulus gehört, sie antworten dem Paulus, gestaltet dazu eine *Sprechszene.*

⇨ Arbeitsanweisung für die Gesamtgruppe: Stellt euch vor, ihr säßet im Boot an Stelle des Paulus. Im Boot ist reichlich Platz. Ihr könnt den notleidenden Menschen ganz konkrete Hilfe mitbringen, *gestaltet das Boot neu.* (**M 4**) Ihr könnt euch dazu eure Szene der Bedrohung aussuchen (s. oben) und ein Gesamtbild neu montieren.

⇨ Die neuen Bilder werden vorgestellt, die anderen in der Lerngruppe sagen dazu ihre *Eindrücke.* Nach möglichen Konkretisierungen der Hilfe wird gefragt.

⇨ Als weitere *ergänzende Materialien* können z.B. eingesetzt werden: Martin Luther King *Ich habe einen Traum* (dazu Lied: Hab einen Traum, dtv, D 10); *Lieder:* Sag mir wo die Blumen sind (dtv, D 17), Ein Schiff das sich Gemeinde nennt, Es kommt ein Schiff geladen.

B. „Fürchte Dich nicht, erinnere die Zukunft" – Forum christlicher Frauen in Europa

a) Zur Veranstaltung:

Zum vierten Mal haben sich im August 1994 Frauen aus ganz Europa in Budapest zum *ökumenischen Forum* getroffen. Im Mittelpunkt dieser Treffen stehen das gemeinsame Kennenlernen, der Gedankenaustausch, Bibelarbeiten und das Feiern von Gottesdiensten.

Beispielhaft für diese Treffen ist die Verbindung biblischer Texte mit praktischen, ökonomischen, sozialen und kulturellen Problemen der Geschichte und Gegenwart. Aus der Arbeit an Bibeltexten gewinnen die Frauen ihre Haltungen, Positionen und ihr Engagement für aktuelle Situationen und Konflikte.

Der Zusammenhang von biblischer Botschaft und heutiger Lebenswirklichkeit soll in diesem Unterrichtsbaustein nachgezeichnet werden.

b) Zum Unterrichtsverlauf:

⇨ Der Bibeltext Lk 13,10–17 wird in der Lerngruppe gelesen und nach der *Schlüsselworttechnik* erschlossen:

- Die Sch. lesen für sich den Bibeltext Lk 13,10–17: *Die Heilung der verkrümmten Frau am Sabbat.* Sie unterstreichen maximal die für sie fünf wichtigsten Wörter des Textes.
- In Kleingruppen (bis zu 5 Sch.) werden die Wörter vorgestellt, die Gruppe *wählt* für sich fünf *Wörter aus.*
- Die in der Gruppe gefundenen *Wörter werden gestaltet* (z.B. als lebendes Denkmal, als Stegreifspiel, Pantomime, Collage, als neue Geschichte).
- Die Ergebnisse werden vorgestellt, über den Lernweg (vom Text zur Darstellung) wird *berichtet.*
- Die Gruppenergebnisse werden erneut *mit dem Bibeltext konfrontiert,* Unterschiede und Parallelen werden diskutiert. Wichtige Ergebnisse des Gespräches werden notiert und festgehalten.

⇨ Der Bibeltext *Fordernde Witwe* (Lk 18,1–8) wird gemeinsam gelesen. Die Sch. bauen dazu ein *lebendes Denkmal.* Ein Baumeister/eine Baumeisterin stellt die Haltung der Witwe nach. Auf Gestik und Mimik, auf körperliche Ausdrucksformen wird geachtet. Alternativen werden ausprobiert.

⇨ Die Ergebnisse der beiden Bibelarbeiten werden verglichen. Die Haltungen der beiden Frauen werden benannt, *Unterschiede oder Gemeinsames erarbeitet.* Dazu empfiehlt sich ein Tafelbild.

	gekrümmte Frau	fordernde Witwe
unterschiedlich sind: gleich sind:		

⇨ Der Bericht *Fürchte Dich nicht, erinnere die Zukunft* (**M 5**) wird gelesen. Die auf dem Forum

benannten Probleme und Konflikte der Frauen in Europa werden benannt und fixiert.
Zu den einzelnen Themenfeldern (Asyl, Mißhandlungen, Krieg, Straßenkinder, ökonomische Ungerechtigkeit) können weitere aktuelle Materialien ergänzt werden.

⇨ *Kleingruppen* erhalten den Auftrag, die benannten Problemfelder mit den biblischen Geschichten zusammenzubringen. Mögliche Arbeitsaufträge:
- Stellt euch vor, die „gekrümmte Frau" wäre auf dem Forum in Budapest dabeigewesen. Sie schreibt einen *Brief*. Wie könnte er lauten?
- Stellt euch vor, die fordernde Witwe wäre ebenfalls in Budapest gewesen. Sie schreibt einen *Bericht an ihren Bundestagsabgeordneten.*
- Ein fiktiver Radioreporter interviewt eine Teilnehmerin in Budapest. Er fragt vor allem nach der Bedeutung der Bibeltexte.
- Gestaltet ein *Bild/Collage* oder eine *Diareihe* zum Thema „gekrümmte Frau auf dem Budapester Forum".

⇨ Impuls: „Ihr habt den Bericht aus Budapest gelesen, gibt es für euch Möglichkeiten, gegen Unrecht und Unterdrückung aufzustehen?" Was könnte die Lerngruppe vor Ort tun? Ein Gespräch über konkrete Konflikte beginnt, der Frage wird nachgegangen, welche Bedeutung die biblischen Texte dabei haben.

C. „Der Heilige Geist kann auch schwimmen" – ein ökumenischer Pilgerweg nach Basel (1989)

a) Zum Konziliaren Prozeß:

Im Jahr 1983 hatten die ökumenischen Kirchen auf ihrer Vollversammlung in Vancouver beschlossen, einen *Konziliaren Prozeß* von Gerechtigkeit, Frieden und Bewahrung der Schöpfung einzuleiten. In allen Teilen der Welt sollten Christen verschiedenster Konfessionen nach Gerechtigkeit, Frieden und Möglichkeiten der Bewahrung der Schöpfung fragen, so auch in Europa. Der Konziliare Prozeß begann an verschiedenen Orten, setzte sich fort in Regionen und Ländern. Pfingsten 1989 fand dann die Europäische Versammlung in Basel statt.

Bei fast allen Veranstaltungen beklagten die versammelten Menschen die Bedrohungen und Beeinträchtigungen, Zerstörungen des Zusammenlebens, oft sogar des Lebens. Sie fragten nach dem gemeinsamen Überleben in Gottes Einer Welt, erklärten sich solidarisch mit Opfern und Leidenden, trugen Hoffnungen und Vorstellungen von gutem Leben hinaus in die Welt. Wie und was ein Konziliarer Prozeß sein kann, soll in diesem Unterrichtselement vom gemeinsamen Pilgerweg vieler Christen nach Basel exemplarisch entdeckt werden.

b) Zum Unterrichtsverlauf:

⇨ **M 6** *Der Heilige Geist kann auch schwimmen* wird verteilt, gelesen und besprochen.

⇨ In *Gruppenarbeit* werden die Materialien **M 7–9** erarbeitet. (In den Gruppen werden die auf den Materialien angeführten Arbeitsanweisungen behandelt.) Einzelne *Ereignisse und Stationen* des Pilgerweges werden erschlossen.

⇨ Die Gruppenergebnisse werden im *Plenum* zusammengetragen und vorgestellt. Die Lerngruppe informiert sich gegenseitig über Stationen, Absicht und Ereignisse des Pilgerweges.

⇨ Der Konziliare Prozeß kennt die Lernschritte *Sehen, Urteilen, Handeln.* Die Lerngruppe beschreibt beispielhaft, wo Menschen auf der Schiffsreise nach Basel solche Lernschritte vollzogen haben. Dabei kann ein Tafelbild helfen.

Beispiele für	Sehen:
	Urteilen:
	Handeln:

Die Lerngruppe diskutiert ihre Eindrücke.

⇨ Die Lerngruppe erinnert sich an die *ökumenische Schatzkiste*, gegebenenfalls wird der Text **M 9** noch einmal gelesen.

⇨ Eine Schatzkiste für den eigenen Ort wird erstellt. Symbolisch wird in Kleingruppenarbeit nach „Anstößigem" „vor Ort" gesucht. Mit den *Anstößen* soll an konkrete Mißstände erinnert werden.

⇨ Die Lerngruppe füllt die *Schatzkiste* und benennt, warum sie die Symbole erstellt hat.

⇨ Im Plenum wird der Frage nachgegangen, ob mit den *Schätzen* und *Anstößen* ein Pilgerweg beschritten werden kann. (Denkbar ist auch, eine Andacht zu den Symbolen zu gestalten.)

⇨ Die Lerngruppe fragt danach, ob und wie Veränderungen, z.B. das Beseitigen von Mißständen möglich ist. Gegebenenfalls werden gemeinsame *Aktionen* (Demos, Ausstellungen, Briefe, Zeichenhandlungen) geplant.
Als dem hier beschriebenen *Pilgerweg* korrespondierende Zeichenhandlung ist z.B. eine „kleine Prozession" im „Pilgerschritt" denkbar: Mit rechts beginnend jeweils 3 Schritte vor, 1 Schritt zurück zur Vertonung eines irischen Reisesegens nach Edvard Griegs Morgenstimmung (siehe dazu das Lied „Möge dein Weg dir entgegenkommen ...", in: Siegfried Macht, Wenn die Nacht noch dunkel ist, Leu Verlag, Bergisch Gladbach, Liederbuch und MC).

D. Kreative Fundgrube: Zeichenhandlungen

Nicht nur im Zusammenhang mit der in **M 9** näher beschriebenen „Ökumenischen Schatzkiste" und korrespondierenden Zeichenhandlungen auf „Pilgerwegen", auch auf Projekttagen, in Schulgottesdiensten usw. lassen sich entsprechende Aktionen verwirklichen.

⇨ Eine Anregung, *Stolper- und Mauersteine* zu Brücken umzufunktionieren, kann **M 10/11** entnommen werden. Im Zusammenhang mit der Darbietung des Liedes können solche Steine auch in Gestalt von Kartons unterschiedlichster Größe wirklich erst zu einer Mauer, dann zu einer Brücke aufgebaut werden.

⇨ Wer den Vortrag des Kanons *Ökumenetekel* **M 12** dramaturgisch inszenieren möchte, kann in Erinnerung von Daniel 5,25 f einen kurzen Schattenspiel-Einstieg wählen: Die Schrift an der Wand wirft jetzt die Hand auf dem Overheadprojektor: „Ökumenetekel" (mit einer kurzen Schreibpause hinter „Ökumene")!

⇨ Möglich ist auch die Demonstration auf einer großen Waage mit zwei Waagschalen: In der einen Schale ein Papphaus mit der Aufschrift „Ökumene", in der anderen Schale ... (das sollte die Gruppe gemeinsam überlegen) – was gibt nun den Ausschlag?

⇨ **M 13** bringt die *Eurovisionsmusik* als Lied textiert: Ein festlicher Rahmenbeitrag für einen „Europatag" in der Schule, aber auch die kritische Frage: Wer oder was wird da besungen? Müssen gerade Christen nicht auch vorsichtig sein, wenn Hymnen angestimmt werden?

5. Das Thema in Schulbüchern und Unterrichtsmaterialien

- Dietrich, Frank u.a.: Signale. Ein Arbeitsbuch für den ev. Religionsunterricht im 8. Schuljahr an Realschulen. Diesterweg, Frankfurt a.M. 1987, „Evangelische und katholische Kirche: gegeneinander – nebeneinander – miteinander", S. 119–160.
- Gadesmann, Frieder (Hg.): Das Leben suchen. Religion 9/10. Diesterweg, Frankfurt a.M. 1988, „Ökumene: Christen – weltweit", S. 185–198.
- Baur, Andreas (Hg.): Religionsbuch für die Hauptschule. 8. Jahrgangsstufe. Auer, Donauwörth 1974[3], „Religionen, Konfessionen", S. 120–133.

6. Materialien und Medien

- Die Friedenskinder in Belfast, Dokumentarfilm, 45 Min. (Katholiken und Protestanten in Nordirland; das Lagan College).
- Eine Hoffnung lernt laufen, Video, 34 Min. (der Konziliare Prozeß bis zur Friedensversammlung in Basel).
- Und wären wir nur noch drei oder vier – Die Waldenser, Dokumentarfilm, 44 Min. (Geschichte der Waldenser seit dem 12. Jh.).
- Zweites Regionales Forum Niedersachsen, Video, 15 Min. (Bericht über die Ziele des Forums).

M 1

Aus: Dialog, 1/1993; Fresko von Rallis Kopsidis in der Kirche St. Paul im Orthod. Zentrum des Ökumen. Partiarchats in Cambésy/Genf.

M 2

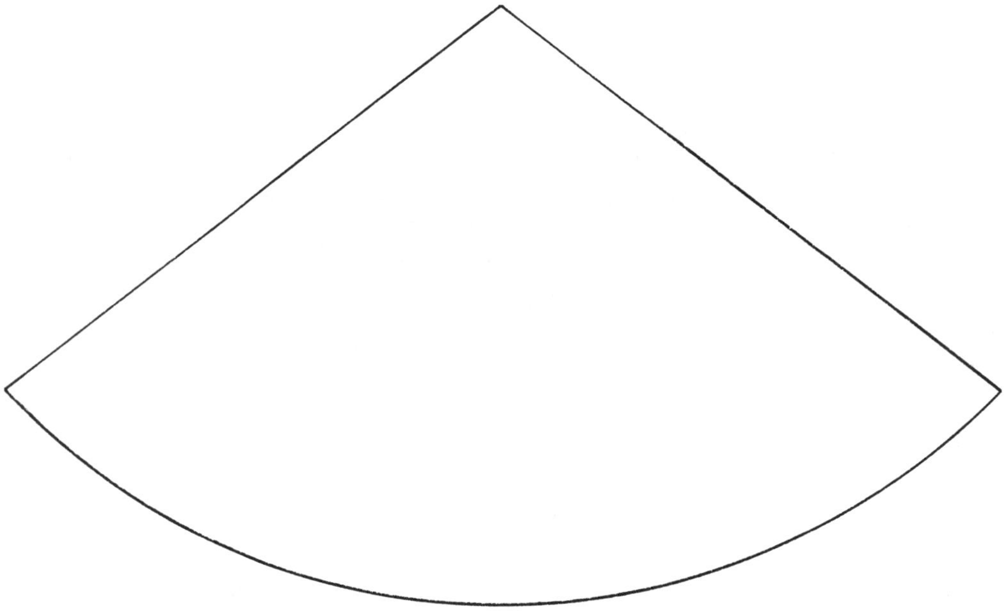

M 3

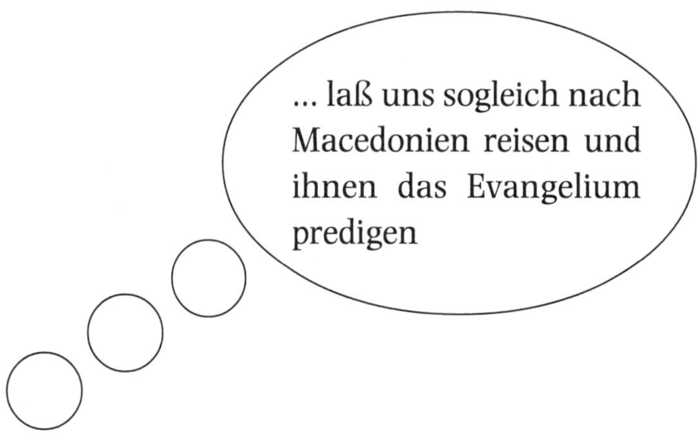

M 4

Ausschnitt

M 5

Fürchte Dich nicht, erinnere die Zukunft

Mehr als 300 Frauen aus ganz Europa trafen sich im August 1994 in Budapest. Frauen aus vielen christlichen Kirchen in Europa sind Mitglieder des ÖFCFE und waren zu der 4. Vollversammlung des ÖFCFE nach Budapest gekommen, um miteinander zu arbeiten, zu reden, sich kennenzulernen, Gedanken auszutauschen und Gottesdienste zu feiern. Das Thema der Vollversammlung war: „Fürchtet euch nicht, erinnert die Zukunft".

In der einleitenden Bibelarbeit stellte Bärbel Wartenberg-Potter zwei biblische Frauen dem Forum vor: „Die gekrümmte Frau" (Lk 13,10-17) und die „Fordernde Witwe" (Lk 18,1-8). Frau Wartenberg-Potter beschrieb die erste so: „Allen, die Macht haben, die Gott und die Menschen verachten, tritt sie hartnäckig und mutig entgegen!" Gerade in der heutigen Zeit sei es wichtig, sich von diesem Mut anstecken zu lassen. Nach dem Zerfall der Ostblockstaaten und deren wirtschaftlichen Zusammenbruch sowie dem „Megasieg der kapitalistischen Marktgesellschaft" seien vor allem Frauen zu Opfern gemacht worden. Angst ums tägliche Überleben ihrer Familien, Ohnmachtsgefühle, Überlastung, Arbeitslosigkeit bestimmen ihren Alltag.

In einer Arbeitsgruppe ermutigte Geneviéve Jaques, Mitarbeiterin einer französischen Flüchtlingsorganisation, Frauen mit wachem Verstand die politische und wirtschaftliche Situation im eigenen Land wahrzunehmen. Mit Parolen wie „Das Boot ist voll" – „Wir haben keinen Platz für Flüchtlinge" schottet man sich ab, um so keine Flüchtlinge und Asylsuchende aufnehmen zu müssen. Der nationale Egoismus stehe einer Versöhnung zwischen den Völkern oft im Wege.
Elene Liliane Andronesca aus Bukarest (Rumänien) kümmert sich um Straßenkinder. In ihrem Vortrag warnt sie davor, verarmte Menschen immer nur wie „Objekte" zu behandeln. Auch sie haben eine Würde. Falsch verstandene Fürsorge und Besserwisserei führen oft dazu, daß die Habenden immer schon wüßten, wie Arme richtig zu leben hätten.

Die Frauen aus dem ehemaligen Jugoslawien betonten, daß sie nicht wie Opfer behandelt werden möchten, sondern als Überlebende, bereit, ihre Erfahrungen mitzuteilen. Nur so fühlten sie sich richtig verstanden.

In den Gesprächen mit den mehr als 100 Frauen aus dem ehemaligen Ostblock (Ukraine, Weißrußland etc.) wurde deutlich, daß in der Vergangenheit viele gegenseitige Vorurteile entstanden sind. Gespräche und Begegnungen sind nötig, um die gemeinsame, europäische Vergangenheit zu klären, „Verletzungsgeschichte" aufzuarbeiten, Zukunftsvisionen zu entwickeln und erste gemeinsame Schritte zu tun.

Seit seinem Bestehen setzt sich das Forum, ein Netzwerk christlicher Frauen, für mehr Gerechtigkeit besonders für die Frauen in Europa ein. Doch auch diesmal mußte festgestellt werden, daß Ungerechtigkeiten nicht weniger werden: Ungerechtigkeit bei der Verfügung von lebenswichtigen Gütern, Ungerechtigkeit auch bei den Entscheidungsprozessen in der Politik. Die reichen Länder bestimmten die Preise und das Marktgeschehen und zwingen die Ärmeren oft in die Knie. In auswegloser Not sehen Frauen – besonders in Osteuropa – in der Prostitution oft den einzigen Ausweg. Andere verkaufen sich als Leihmütter in den Westen oder lassen durch Sterilisation ihren Körper wettbewerbsfähig machen.

Beim Abschlußgottesdienst konnte wie auch sonst bei ökumenischen Versammlungen kein Abendmahl gefeiert werden, zu groß waren die unterschiedlichen Auffassungen der einzelnen Kirchen. Es wurde aber am Ende des Gottesdienstes ein Liebesmahl gestaltet. Trauben und Brot wurden zur gegenseitigen Stärkung einander gereicht.

Eines wurde deutlich: Bekanntschaften und Begegnungen stärken das ökumenische Miteinander in Europa.

Aus: Der Heilige Geist kann auch schwimmen, hg. v. Trägerverein „Ökumeneschiff gegen den Strom", Aachen 1989; Fotos M 6, M 7, M 9: Helga Hansi, Halstenbek.

Der Heilige Geist kann auch schwimmen M 6

Wie kommt man nach Basel mit dem Flugzeug, dem Zug, dem Auto, dem Bus, dem Fahrrad, zu Fuß? So fragten sich einige Mitglieder ökumenischer Initiativen, als sie von der Einladung zur ökumenischen Versammlung für Frieden und Gerechtigkeit in Basel hörten.

Sie entschieden sich für eine Anreise mit dem Schiff. Von der Mündung des Rheins – von Rotterdam – bis Basel sollte eine zehntägige Pilgerfahrt stattfinden. Pilgerfahrten gibt es seit dem Mittelalter, Christen sind zu besonderen Orten gegangen; auf ihrer Wanderschaft dorthin haben sie über „irdische Übel“ nachgedacht, aber auch auf „erleuchtende Erkenntnisse“ gehofft. Die Schiffsreise (der Pilgerweg) begann am Himmelfahrtstag, am Abend des 4. Mai. Mit einer Stundengeschwindigkeit von 10 km (ab Köln nur 6 km) sind dann die „Pilgerer“ gegen den Strom mit mehreren Schiffen nach Basel gefahren.

Mit ihren Stationen z. B. in Emmerich, Duisburg, Düsseldorf, Leverkusen, Mainz wurden Gottesdienste gehalten, Resolutionen und Geschenke entgegengenommen, Gespräche geführt und Segenswünsche ausgesprochen.

Nach 10 Tagen erreichte die Gruppe Basel. Dort wurde das Aachener Friedens-Kreuz, das die ganze Pilgerfahrt begleitet hat, durch die Stadt getragen. Auch in Basel selbst wurde an mehreren Haltepunkten angesichts des Kreuzes über Probleme nachgedacht, so z. B. am Polizeigebäude, um auf die Situation der Asylbewerber in der Schweiz hinzuweisen oder beim Schweizerischen Bankverein, der das Südafrikanische Apartheits-Regimes wesentlich mit unterstützt hat.

Vom 15.-21. Mai 1989 hatten die Europäischen Kirchen und der Rat der Europäischen Bischofskonferenz zu einer ökumenischen Versammlung „Frieden und Gerechtigkeit“ nach Basel in die Schweiz eingeladen. Damals bestimmten immer noch der Kalte Krieg und ideologische Ost-West-Spannungen, geschlossene und schwer passierbare Grenzen die Alltagsrealität. Christen aus allen europäischen Ländern wollten ein Beispiel dafür geben, wie man aufeinander zugehen kann, Untiefen, Klippen und Unwägbarkeiten überwinden kann und danach fragen, welche gemeinsamen Verantwortungen und Anstrengungen nötig sind, damit Menschen in Europa friedlich und gerecht leben können. Gut 700 Delegierte und viele Gäste nahmen an dem Treffen teil: Bischöfe genauso wie Laiengruppen, Junge, Alte, Männer, Frauen, offizielle Kirchenvertreter sowie Mitglieder von Friedensgruppen und Basisgemeinden.

Aus: Der Heilige Geist kann auch schwimmen, a.a.O.

Ein Bild von Basel ging um die Welt **M 7**

Das Aachener Friedenskreuz – getragen vom Bischof des Altkatholischen Bistums in Deutschland, einer römisch-katholischen Ordensschwester aus dem Rheingau, evangelischen Pfarrern, einer Delegierten der Herrenhuter Brudergemeinde, Pax Christi-Leuten ebenso wie anderen Christinnen und Christen – prägte den Pilgerweg durch Basel bis in den Eröffnungsgottesdienst hinein. Die Beteiligten erfuhren das gemeinsame Kreuztragen als starke ökumenische spirituelle Ermutigung. Dieses wunderbare Kreuz, von zurückgekehrten Kriegsgefangenen 1946 hergestellt, gab dem gesamten Pilgerweg von Rotterdam bis Basel wie kein anderes Zeichen einen klaren Akzent: Kreuz und Schiff – die beiden Symbole der ökumenischen Bewegung haben uns begleitet auf dem Weg nach Basel.

Aus: Der Heilige Geist kann auch schwimmen, a.a.O.

Die Geschichte des Aachener Friedenskreuzes

1947 machten in Krefeld heimgekehrte Soldaten und Priester wahr, was sie sich in Zeiten größter Not vorgenommen hatten: „Man müßte eigentlich so ein großes Kreuz durch Deutschland tragen – jetzt, wo niemand mehr weiß, wie es weitergehen soll." Das Kreuz sollte ein Zeichen ihrer Schuld und gleichzeitig auch der Vergebung sein und durch das Bistum Aachen getragen werden. Den Christuskopf in der Vierung des 150 kg schweren Balkenkreuzes, der in klaren Konturen Leiden, Schmerzen und Verlassenheit zeichnet, schuf Anton Wendling, damals Professor an der Technischen Hochschule Aachen.

Am Karfreitag, dem 4. April 1947, schulterten Männer in Krefeld das Kreuz und begannen den Weg durch 120 Pfarreien des Bistums Aachen. Sie sollten ihre schwere Last jedoch nicht alleine tragen müssen. Jeweils an der Pfarrgrenze wurde die Gruppe von Männern der nächsten Gemeinde abgeholt, die dann das Kreuz trugen, es über Nacht in ihrer Kirche aufstellten und am folgenden Tag der nächsten Gemeinde übergaben. In den Kirchen war Gelegenheit zu Gebet und Andacht. Alles lag noch in Trümmern. Christen und Christinnen wollten nach den Schrekken des Krieges auf diese Weise einen neuen Anfang bezeugen.

Nach gut 5 Monaten, am 28. September 1947, traf das Aachener Friedenskreuz in der Bistumsstadt Aachen ein, wo es u.a. vom damaligen Bischof van der Velden (dem späteren ersten Pax Christi-Präsidenten für Deutschland) empfangen wurde. In der folgenden Zeit fand das Kreuz im Aachener Dom seinen Platz.

1950 wurde das Aachener Friedenskreuz wieder aufgenommen zu einer Wallfahrt nach Rom aus Anlaß des Heiligen Jahres. Diese Wallfahrt gehört zu den eindrucksvollsten Demonstrationen in der Geschichte des Kreuzes.

Durch 8 deutsche Diözesen – Aachen, Münster, Köln, Trier, Limburg, Mainz, Speyer und Freiburg – wurde das Kreuz von katholischen und evangelischen Christen getragen. (...)

Seit 1983 hat Pax Christi Aachen die alte Tradition der Wallfahrten mit dem Aachener Friedenskreuz wieder aufgenommen. Angesichts der Bedrohung durch Aufrüstung und Atomwaffen, aber auch sozialer und wirtschaftlicher Ungerechtigkeit, Gewalt und Terror, erinnerte man sich der Worte Pius XII. und veranstaltete jährlich eine Friedenswallfahrt durch verschiedene Regionen des Bistums Aachen. Nach und nach wurde immer deutlicher: *Das Friedenskreuz heute tragen, heißt unterwegs sein zu Gerechtigkeit, Frieden, einer nicht zerstörten Schöpfung.*

Aus: Der Heilige Geist kann auch schwimmen, a.a.O.

Aufgaben:
- Ehemalige Soldaten schufen das Friedenskreuz. Wofür sollte es mahnen, woran erinnern? Äußert eure Vermutungen!
- Verschiedene Menschen tragen gemeinsam das Kreuz. Wofür könnte das ein Zeichen sein?
- Warum wählten die Pilger gerade das Aachener Friedenskreuz als ihre Wegbegleitung?

Die vergessene Schuld **M 8**

Am 4. Mai sollte der Pilgerweg in Rotterdam beginnen – so hatten es die deutschen Gruppen geplant. Gespräche mit einem holländischen Freund wurden geführt. Ben Spierings erklärte seinen Freunden: „Am 4. Mai seid ihr in Holland nicht erwünscht, bedenkt, was geschah. Am 10. Mai 1940 überfielen deutsche Truppen die neutralen Niederlande. Vier Tage später kapitulierte Rotterdam, trotzdem wird es noch bombardiert, dabei kommen 900 Menschen ums Leben, 25.000 Wohnungen werden zerstört. Erst am 5. Mai 1945 werden die Niederlande befreit.

Mehr als 10.000 Juden sind in den 5 Jahren in Konzentrationslager verschleppt worden. Hungerwinter und Vernichtungsaktionen kosteten Tausenden das Leben. Diese Leiden und riesige materielle Schäden sind bis heute nicht vergessen."

Betroffenheit bei den deutschen Zuhörern, denn sie erfahren, daß am Abend des 4. Mai (dem Tag, an dem der Start für die Pilgerfahrt geplant war) in Rotterdam der Opfer des Krieges gedacht wird und der 5. Mai der Tag der Befreiung ist.

Doch die Christen aus Deutschland werden am 4. Mai 1989 zu einem gemeinsamen Gebet mit Holländern in die St. Laurenskerk in Rotterdam eingeladen. Dort will man der vergessenen Schuld, dem noch nicht geheilten Leid, aber auch einer beginnenden Versöhnung gedenken.

Eine Holländerin gibt so ihre Eindrücke wieder:
Hier haben wir unsere Vergangenheit nicht verschwiegen, sondern sie zusammengebracht und uns darüber erhoben, haben einander angesehen und einen neuen Schritt gewagt auf dem Weg, für den wir uns alle einsetzen wollen, zu einer neuen Welt, von der Gott sagen wird: „Siehe, es ist gut."

Aus: Der Heilige Geist kann auch schwimmen, a.a.O.

Aufgaben:
- Vergleiche die Jahre 1940 – 1985 mit der Zeit heute. Könnt ihr die Haltung der holländischen Christen verstehen?
- Umgang mit Schuld ... Können zugefügte Grausamkeiten und Kriegsverbrechen vergessen oder vergeben werden? Führt darüber in eurer Kleingruppe ein Gespräch.
- Versöhnen, „gemeinsame Schritte" wagen. Wie könnte das auch nach 1989 heute aussehen? Reichen einmalige Handlungen?

M 9

Ein Schiff wird zur ökumenischen Schatzkiste – Aufträge für Basel

von Beta und Gustav Adolf Kriener

Zu einem jeden Schiff gehören Kisten, Seekisten nennt man sie, die Besatzungsmitglieder bringen ihre Habseligkeiten darin unter. In Köln, bei der Ökumenischen Friedensvesper am Ufer des Rheins, wurde den Ökumeneschiffen eine Kiste mitgegeben, darauf stand „Schatzkiste", und wahre Schätze waren in ihr geborgen, als sie in Basel am Rheinufer angelandet wurde.

Unter den Schätzen gab es Briefe, Botschaften, Dokumentationen, Aufrufe. In ihnen haben einzelne Menschen, Gruppen, Bürger- und Kirchengemeinden aller Konfessionen ihre Sorgen und Befürchtungen zum Ausdruck gebracht, aber auch ihre Hoffnungen und ihre Erwartungen. In diesen Dokumenten kommt Protest und Widerstand gegen die gefährliche Atomkraft zum Ausdruck, gegen verseuchte Erde und vergiftetes Wasser, gegen menschenverachtendes Unrecht und gegen militärische Institutionen, die den Frieden bedrohen. (...)

Ein Stein des Anstoßes wurde in die Kiste gepackt. Nach Jes. 8,14 ist Gott selbst dieser Stein des Anstoßes und Fels des Ärgernisses, und im Neuen Testament wird Jesus dieser Stein, der der Grundstein werden kann, für die, die auf ihn bauen, aber er kann auch zerschmettern wohin er fällt. Der Umgang mit dem Stein ist heilsam und gefährlich zugleich.

Flaschen gab es in der Schatzkiste, Flaschen mit Rheinwasser. Darauf war zu lesen: Kein Trinkwasser, von uns allen für uns alle vergiftet.

Erde hat man uns mitgegeben in die Schatzkiste, Erde von dem Platz, an dem die Nato-Kommandozentrale in Linnich stehen soll: Bedrohte Erde und drohende Erde, begleitet von Aufrufen, dieses Unternehmen zu untergraben. Und Erde vom Käfertaler Wald bei Mannheim, der einem Panzerübungsplatz weichen mußte, wo alles Lebendige zerstört ist, umgepflügt gleicht die Gegend einer Mondlandschaft, in der keine Pflanze und kein Tier mehr wächst. Zudem vergiftet die

Unter Deck: „Ökumenische Schätze" gestapelt.

- Was könntet ihr hinzufügen? Vielleicht ein weiteres „not-wendiges Verkehrszeichen".
- Notiert die Gegenstände der Schatzkiste, deutet sie, wofür sollen sie „sprechen"?
- Auf dem Bild (Füße, Verkehrsschild ...) findest du noch andere Zeichen, wofür können sie stehen?

Panzerwaschanlage durch ätzende Chemikalien seit Jahren den Boden, und als sei das alles nicht genug, hat man im „Käfertaler Wald" auch noch ein Giftgaswaffenlager untergebracht. Aus Duisburg-Wanheim, das als Atommüll-Lager geplant war, nahmen wir ein Atommüll-Faß (ohne Müll) an Bord, das mit seiner strahlenden Fracht schon auf vielen Schiffen gereist war, weil sie niemand haben will und entsorgen kann. In Worms gab man uns die Stricke mit nach Basel, mit denen ein Asylsuchender gebunden war, der wegen der „Präsenzpflicht" seinen Bruder nicht im Nachbarort besuchen darf. Auch mit uns durfte er nicht nach Mannheim fahren, wiewohl die Schiffsfahrt doch eine religiöse Veranstaltung war, an der Asylbewerber gewöhnlich teilnehmen dürfen.

Wir nahmen dort auch einen großen Dinosaurier an Bord, der die Aufschrift trägt: Ausgestorben: zu viel Panzer, zu wenig Hirn! Dazu gehörte ein Kasten, auf dem zu lesen stand: Das nächste vom Aussterben bedrohte Wesen. Wer den Kasten öffnete, sah in einem Spiegel mit Schrecken sich selbst! In Basel haben wir dieses Symbol an die Gruppe „Schweiz ohne Armee" weitergegeben, die haben es sogleich aufgestellt auf ihrem Stand in der Zukunftswerkstatt und später während des Abends der Begegnung am Rheinufer.

Eine Mauer aus der Antiapartheidsstadt Düsseldorf haben wir unterwegs und in Basel als Klagemauer benutzt und Bitten, Klagen, Eingaben und Appelle, Schuldeingeständnisse und Forderungen an sie geheftet, besonders solche, die unsre Geschwister in der weiten Ökumene betreffen von Südafrika über den Nahen Osten bis zu den Philippinen und Lateinamerika. (...)

Drei Apfelbäumchen trug das Schiff, Zeichen trotziger Hoffnung, die nicht resigniert bei allen tödlichen Bedrohungen, weil sie weiß, daß diese gefährdete Welt doch den Händen Gottes nicht entfallen kann und darum wahr bleibt, was Luther in den Satz faßt: Wenn morgen der jüngste Tag anbräche, würde ich heute noch ein Apfelbäumchen pflanzen.

Ein Körbchen mit rohen Eiern, überreicht in Mainz von dem Pastor, der den vieldiskutierten Fernsehgottesdienst mit Tieren gehalten hat: So behutsam wie mit rohen Eiern müssen wir mit Gottes Geschöpfen umgehen.

Der „Wetzkopp", ein riesiger Hammer der Mayener Steinhauer, nach dem die „Mayener Texte zum Überleben" genannt sind, Erinnerung an Jer. 23,29: „Ist mein Wort nicht wie ein Hammer, der Felsen zerschmeißt?" Eine von Therapie- und Selbsthilfegruppen getöpferte Abendmahlsschale aus Duisburg haben wir als Hoffnungszeichen auf das gemeinsame Brotbrechen der Konfessionen mitgenommen nach Basel.

Sind wir den Erwartungen derer gerecht geworden, die mit viel Engagement und Phantasie daran gearbeitet haben und uns diese „Symbole der Zerstörung und Zeichen des Lebendigen" mit auf den Weg nach Basel gegeben haben? (...)

Wir haben uns nach Kräften bemüht und

1. jedes Stück dokumentiert,
2. unsere Schätze den Besuchern der Schiffe und in Basel in der Zukunftswerkstatt auf dem Stand der „Ökumenischen Initiative Eine Welt" (Wethen) ausgestellt und den TeilnehmerInnen der Versammlung gezeigt und erklärt,
3. sie in „Prozessionen" durch die Städte zu den Kirchen und Gemeindehäusern getragen, zuletzt in Basel zum Münster und auf dem „Drei-Länder-Weg",
4. sie sind abwechselnd bei den Veranstaltungen und Gottesdiensten an den 32 Stationen unterwegs als Zeichen und Grüße genutzt worden,
5. die Mitfahrenden haben die Tücher während der ganzen Reise getragen, Transparente, Fahnen und Wimpel schmückten die Schiffe und ließen erkennen, wohin und warum sie unterwegs waren,
6. einige Symbole wurden in Veranstaltungen in Basel zu Demonstrationszwecken gebraucht, Rheinwasser aus Unkel z. B. (bei der Übergabe hatten Kinder von der Wasserknappheit während der Sandoz-Katastrophe berichtet) beim Wasser-Hearing und eine Sonnenblume aus Kalkar, das Hoffnungszeichen aller Atomkraftgegner, in einem Gespräch im Fernsehen,
7. bei allen Gelegenheiten sind sie von Privatpersonen fotografiert worden und in vielen Medien erschienen.
8. bis auf wenige Stücke, die jetzt in Wethen sind und für bestimmte Gelegenheiten (Kirchentag o.ä.) aufbewahrt werden, haben wir die persönlichen Botschaften den betreffenden Delegierten zukommen lassen, haben alle Dokumente, Briefe und Symbole an Delegierte und Teilnehmer der Konferenz aus den verschiedenen europäischen Kirchen, aber auch an Gastgemeinden, Frauenschiff, Kindergarten, Altersheime weitergegeben, auch die vielen Schiffchen, Kraniche und Friedenstauben. Wir haben alles mit Adressen versehen und gebeten, den Absendern zu schreiben. Von vielen Antworten wissen wir inzwischen schon und hoffen, daß auch auf diesem Wege Vernetzung möglich wird.

Aus: Der Heilige Geist kann auch schwimmen, a.a.O.

M 10

Stolpersteine – Mauersteine – Brückensteine

Steine können auf verschiedene Art und Weise zu Trägern zeichenhafter Bedeutungen werden: Wo liegen eurer Meinung nach „Stolpersteine" für das Aufeinanderzugehen der Menschen? Wie heißen die Gründe, deretwegen noch heute der Mensch (wie Kain) den Stein gegen seinen Bruder (Abel) hebt?

– Zeichnet eine Mauer und beschriftet sie mit trennenden Gründen.

M 11

Aus allen Steinen Brücken bauen

Kanon für 4 Stimmen

Text und Musik:
Siegfried Macht

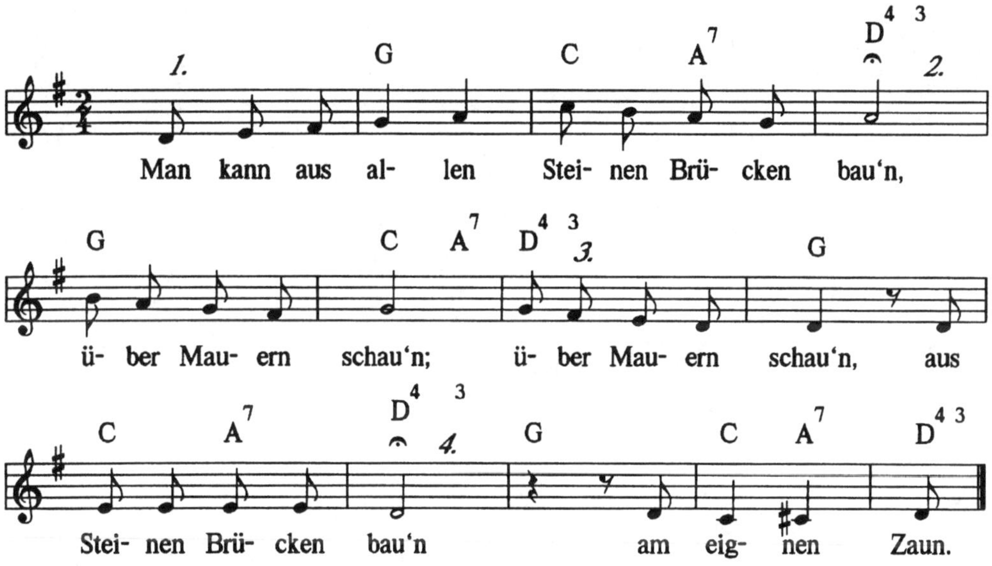

Rechte beim Autor.

M 12

wir sind der ökumene gewogen
und zu leicht befunden
ökumene ökumene
ökumene mene tekel

S. Macht

Der Liedtext erinnert mit einem Sprachspiel an eine Stelle im Alten Testament. Lies sie nach im Buch des Propheten Daniel (5,25 und folgende)
Manchmal hilft es schon, wenn man mit sich und seinen Interessen ins Reine kommt, sie deutlich ausspricht und nicht nur heimlich verfolgt. Wer mit anderen „zusammenwachsen" will oder soll, muß auch sagen dürfen, wovor er Angst hat bzw. was er nicht aufgeben will. Manches ist einem lieb und wert geworden, und es geht auch gar nicht darum, alle Unterschiede einzuebnen. Im Gegenteil: Nur wer seine Originalität mitbringt, bereichert alle ...

Auf welche Unterschiede zu anderen legst du Wert? Wo empfindest du sie?
- in deinem Glauben
- in deiner Nationalität
- in deinem Wesen
- in ....?

Sind diese Unterschiede „gemeinschaftsfähig"?

Ökumenetekel

Kanon für 3 Stimmen und Solo

Text und Musik: Siegfried Macht

M 13

Ein Lied für Europa

Das Vorspiel zu einem religiösen Werk des französischen Komponisten Marc-Antoine Charpentier ist als „Eurovisionsmelodie" bekannt geworden: Von verschiedenen europäischen Fernsehanstalten gleichzeitig übertragene Sendungen begannen mit dieser Erkennungsmusik. Sie ist damit zur „heimlichen Europa-Hymne" geworden. Nationalhymnen unterliegen oft (und nicht nur in Deutschland) der Gefahr, mißbraucht zu werden: Ihre Texte loben das eigene Land oft so, daß andere sich (mehr oder weniger zu Recht) bedroht fühlen. Das sollte bei einer Europa-Hymne anders sein.
Überlegt, was es da zu besingen gibt, und dichtet einen eigenen Text, oder versucht es mit dem unten unterlegten.

Vereinigt in Freundschaft und Frieden

Prelude zum Te Deum (Eurovisionsmelodie)

Musik: M.A. Charpentier
Bearbeitung und Textierung: Siegfried Macht

Aus: Siegfried Macht (Hg.), Chor-Liederbuch, 96 S., Bund-Verlag, Köln 1995².

8 Freizeit – Geschenk oder Last?

1. Theologische und didaktische Aspekte

„Veränderte Kindheit, Gewalt, Computer machen einsam, zuviel Fernsehen, veränderte Familie, Drogenmißbrauch, Sinnverlust, Reizüberflutung ..."

Die Liste der zur Zeit im Zusammenhang mit Jugend und Erziehung viel verwendeten Begriffe ist noch längst nicht vollständig, und alle haben mehr oder weniger mit Arbeit und Freizeit zu tun. „Arbeit ist das halbe Leben." Und die andere Hälfte?

In der hier vorliegenden Einheit soll an das Thema „Arbeit und freie Zeit" von der anderen Seite herangegangen werden – von der Freizeit. Der Grund für diese Vorgehensweise liegt nicht nur darin, daß Schüler (oder wir alle?) Freizeit viel lieber mögen.

Eine wissenschaftlich akzeptierte Definition von Freizeit gibt es nicht. Allgemein versteht man darunter arbeitsfreie Zeit, die stärker oder ganz zur selbstbestimmten, selbstgestalteten individuellen Praxis zur Verfügung steht (Brockhaus).

Wurde früher die Freizeit nur regenerativ genutzt, so wird hier deutlich, daß sie in unserer heutigen Gesellschaft einen ganz anderen Sinn und Stellenwert bekommen hat: Zeit für Arbeiten in eigener Regie, Freunde, Sport, Reisen, Medien etc..

Mißerfolge und Frustration, Probleme mit Kollegen, Überforderung und Unterforderung, Enttäuschung, Unzufriedenheit etc. versuchen wir in der Freizeit abzugelten oder zu verarbeiten. Hohe Erwartungen, Wünsche, Hoffnungen und Bedürfnisse stellen wir damit an die Freizeit. Nur: solche Freizeit ist sehr teuer, gerade für unsere Schüler.

In unterschiedlichen Zeitungsartikeln wird immer wieder von Streß in der Freizeit gesprochen. Man hat sich zuviel vorgenommen. Weiter geht es um überhöhte Erlebnisansprüche, Reizüberflutung und den schwierigen Umgang mit Grenzen. Andererseits: Jeder dritte, so heißt es, langweilt sich in der Freizeit. Kommt dann noch die seelische Not der Leere aufgrund der Arbeitslosigkeit hinzu, wird es fatal. Es stellt sich daher die Frage, ob jemand, der es vermag, seine Freizeit sinnvoll zu gestalten, nicht nur zufriedener im Beruf ist, sondern auch mit einer möglichen Arbeitslosigkeit besser umzugehen weiß.

Das Alte Testament gibt die Heiligung des Sabbats vor. Die (Frei-)Zeit soll zum Gebet, zur Kontemplation genutzt werden, was auch hier nicht vergessen werden darf, da damit den Schülern eine sinnvolle Möglichkeit geboten ist, viele Dinge aus Schule/Beruf zu verarbeiten, sich auf den Sinn des Lebens zu besinnen bzw. sich diese(r) Frage zu stellen.

2. Intentionen

Die Sch. sollen
- Freizeit als die wichtige „2. Hälfte" unseres Lebens begreifen,
- sich über die unterschiedlichen Bedeutungen von Freizeit bewußt werden, ohne sie (und ebensowenig die Arbeit) als das „Absolute" zu sehen,
- verstehen, daß es an jedem persönlich liegt, Freizeit als Last oder Lust zu erleben,
- erkennen, daß gelungene Freizeitgestaltung auch etwas mit Arbeiten zu tun haben kann,
- Fremdbestimmungen in Arbeitswelt und Freizeit erkennen und für bewußtere Lebensplanung sensibilisiert werden,
- biblische Aussagen zur Arbeit und zum Feiertag angemessen in eigene Überlegungen einbeziehen können,
- die Funktion moderner Technologien (insbesondere in ihrer religiösen Verbrämung als „Segen der Menschheit") kritisch reflektieren und Arbeitslosigkeit als eine Schattenseite der teilweise damit einhergehenden Rationalisierung begreifen.

3. Literatur zur Vorbereitung

- Schritte ins Leben, Klett und Balmer, Zug 1992.
- Hoerschelmann, Paul Gerhard: Der größte mögliche Gewinn, in: Lutherische Monatshefte, 8/93, Lutherisches Verlagshaus, S. 28–30.
- Küng, E.: Arbeit und Freizeit. Mohr, Tübingen 1971.
- Moltmann, J. (Hg.): Recht auf Arbeit – Sinn der Arbeit. Chr. Kaiser, München 1979.

4. Unterrichtsideen/Verlaufsplanung

A. Freizeit – was ist das?

⇨ *Einstimmung mit unterschiedlicher Musik.* Rock, Pop ... zum Schluß meditative Musik (z.B. A. Vollenweider, Kitaro). L. schreibt während der letzten Musikklänge „Freizeit" an die Tafel und verteilt Zettel. Sch. schreiben ihre Gedanken (jeweils einen) auf die Zettel und heften diese an die Tafel.
Sch. sortieren, lesen, ergänzen, diskutieren.

⇨ L. verteilt Gedicht *Lebenslauf* (**M 1**) zunächst ohne den nachstehenden Text. (Alternative siehe **M 2**) Sch. äußern ihre Gedanken, lesen dann evtl. den Text. L. fragt nach Verbindung Tafelbild – Gedicht. Im Unterrichtsgespräch u.a. folgende Aspekte herausarbeiten:
Braucht man Freizeit? Was macht sie sinnvoll? Möglichkeiten der Freizeitgestaltung. Langeweile, Passivität ... Fazit: Freizeit füllt sich nicht automatisch mit Inhalt (Impuls und/oder Sicherung durch **M 3**).

B. Zwischen Streß und Langeweile: Was tun andere mit ihrer Freizeit?

⇨ L.: „Eine Zeitung behauptete kürzlich, daß jeder Dritte sich in der Freizeit langweilt ..." Sch. *diskutieren* die Behauptung unter den Aspekten der vorangegangenen Stunde. „Warum freuen sich einige auf die Freizeit und andere nicht?"
Sch. entwerfen dazu einen *Fragebogen* in Gruppenarbeit, tragen ihre Ergebnisse zusammen und erstellen daraus einen gemeinsamen Fragebogen an der Tafel, den sie abschreiben

und auf dessen Grundlage bis zur nächsten Stunde möglichst viele Leute befragt werden sollen.
Auswertung in Gruppenarbeit. L. gibt einige Gesichtspunkte vor, unter denen Fragen ausgewertet werden können, sowie konkrete Fragestellungen: Was finden wir gut? Was schlecht? Was hat uns erstaunt? Lassen sich die Freizeitbeschäftigungen einteilen?
Diskussion der Ergebnisse, Festhalten an der Tafel, Einteilung z.B.:

1. Erholung	2. auch eine Arbeit	3. andere Erfahrungen
„faulenzen" baden ausruhen spazieren gehen ...	Basteln Hobbies DRK ...	Freunde Sport Reisen ...

Die Trennung zwischen 1. regenerativ und 3. kompensatorisch muß besprochen werden, da sie nicht sofort ersichtlich ist (bzw. fließende Übergänge aufweist).
Alternativ oder ergänzend: Einstieg mit **M 4a/b** oder **5**, wenn in der Lerngruppe Freizeitstreß und Aggression eher dominieren als Langeweile.

C. Was sagt die Kirche dazu und was tut sie?

⇨ Es ist von Vorteil, möglichst vor Beginn der UE *Kontakt mit einer Kirchengemeinde* aufzunehmen, zu der viele Sch. der Klasse gehören.
Die weitere Arbeit in dieser Sequenz ist entscheidend von solcher Zusammenarbeit abhängig. Ich habe sehr positive Erfahrungen mit einer Diakonin aus der Jugendarbeit gemacht: Zunächst kam sie in die Schule. Im Gespräch mit den Sch. waren zwei Aspekte wichtig: a) Wie sieht die Kirche bzw. sie persönlich Freizeit? b) Ehrenamtliche Aufgaben als „sinnvolle" Freizeitgestaltung.
Zum zweiten Termin gingen wir in die Kirche, um uns über die Freizeitangebote und die Jugendarbeit dort ein Bild zu machen. (Einige Sch. nutzen seitdem den Brückenschlag und verbringen einen Teil ihrer Freizeit dort.)

D. Das Geschäft mit der Freizeit

⇨ *Rollenspiel* nach **M 6** (1.).

⇨ Resultierende Probleme für Arbeitslose und Geringverdiener im *Unterrichtsgespräch* nach **M 6** (2.) herausstellen.
Das Wissen um die Möglichkeit (anderer Lebensgestaltung) bei gleichzeitigem Nichtkönnen als größtes Unglück und typisch für unsere Zeit entdecken. (Also z.B. „Kein Geld fürs" und „Wissen vom Freizeitparadies" stehen lassen.)

⇨ Weiterführung für „starke" Gruppen: **M 7**:
- Diskrepanz zwischen christlicher Idealvorstellung von Arbeits- und Wirtschaftsethos und Realität (**M 7** [1.])
- Gefahr der Vergötterung der Marktwirtschaft (**M 7** [2.])
- Notwendigkeit, Marktwirtschaft konsequent als „Soziale Marktwirtschaft" weiterzuentwikkeln.

E. Arbeit ist das halbe Leben

⇨ Ausgabe von **M 8**: *Gegenüberstellung* biblischer Aussagen zum Thema „Arbeit" – Vom Herrschen und Bewahren zum Mühsal erfah-

ren (noch pointierter: Von königlicher Verantwortung zum Fluch!);
- *Reflexion* des Sündenfalls" als Urgrund entfremdeter Arbeit;
- *Herausarbeiten von Gründen* für die Entstehung pseudo(!)christlicher Arbeitsmoral.

⇨ Auflage des Wortspiels *der mensch sich um die arbeit drehend wird zur maschine* (**M 9**) als Folienkopie auf den OHP und Erarbeitung der Aussageabsicht im Unterrichtsgespräch und/ oder mehr oder weniger von Anfang an Erarbeitung in Gruppenarbeit nach den Arbeitsaufträgen der Anlage und Abschluß mit der dort beschriebenen spielerischen Ergebnisvorstellung.
- Zum Schluß ist die Arbeit verschwunden ... Was bedeutet dies? (positive und negative Deutungsvariante nennen lassen),
- Beachtung der Leserichtung und ihrer Symbolik: Der Mensch (das „sch" als Ganzheit betrachtend) streckt sich der Sonne entgegen, in alter Volkstanzrichtung wird das Wort gegen die Uhr lesbar ... Die Maschine (das „sch" in Einzelbestandteile auflösend) hält um jeden Preis (!) Schritt mit der Zeit, Leserichtung ist der Uhrzeiger-Sinn (!).

F. Arbeitslosigkeit: eine besondere Form von Freizeit? Oder: Fluch und Segen neuer Technologien

⇨ Auflage der Zeichnung *Der Computer neben dir* von Dieter Klama (**M 10**) als Folienkopie auf OHP:
- Spontane Reaktionen, Bildbeschreibung, diffuse Deutung.
- Evtl. anknüpfen an den Maschinen-Aspekt der vorangegangenen Sequenz.
- Gezielte Weiterarbeit nach den Leitfragen der Anlage, **M 10** als Arbeitsblatt austeilen (zum Eintragen der Antwort auf Frage 3).

⇨ Wiederfinden und Verdeutlichen der relevanten Aspekte in der Kürzestprosa *Rationalisierung*:
- Übermächtigkeit der Technik („Die Geister, die ich rief ...").
- Arbeitslos durch Technisierung: Technik zum Wohle der Menschheit?
- Welche „Segnungen" erwartet(e) man von der Technik?
- Sensibilisierung für falsche Erwartungen, Vergötterungen menschlicher Allmachtsträume (Machbarkeitswahn). Religiösen Formulierungen (wie „Segen" der Technik) im nichtreligiösen Kontext mißtrauisch begegnen ...

⇨ *Provokation* zur Diskussion: Arbeitslosigkeit ist toll, irre viel Freizeit!

G. Freiheit zum Feiern – Feiern der Freiheit

⇨ L. liest das Märchen *Die Gabe des Festes* (**M 11**) vor oder verteilt die entsprechenden Arbeitsblätter zum stillen Lesen. Im anschließenden Unterrichtsgespräch entsteht etwa folgendes Tafelbild:

Was gehört zu einem gelungenen Fest?
Musik – Tanz – Fröhlichkeit – schön hergerichteter Raum – Freunde – Anlaß zur Feier ...

Abschrift des Tafelbildes und Aufforderung, zu unterstreichen, was man selbst für das Wichtigste hält und einzuklammern, worauf man am ehesten meint, verzichten zu können.

⇨ Evtl. *abschließende Reflexion*: Trifft die Aufstellung für alle Arten von Feiern zu, oder gibt es auch andere? Ernste oder sogar traurige Feiern?! Sind das „Feiern" oder „Feste" – bzw. ist eine Unterscheidung sinnvoll? Geht es nicht vielmehr um den Aspekt der Hoffnung auch im Leiden, wie es z.B. die Verschränkung von Karfreitag und Ostersonntag zeigt ...? Die nachösterliche Gemeinde kann auch den Karfreitag „feiern", weil sie ihn schon als Beginn des Sieges Christi über den Tod und alle Trennung von Gott versteht. Ein Tag ohne Hoffnung ist weder Fest noch Feier: Welche Hoffnungen hat die Klasse, welche feiert sie?

⇨ Mögliche Zusatzmaterialien zur Frage: Grundlos feiern?
- Lied(text) *Worauf kann ein Fest sich gründen, wenn der Grund nicht fest?* (in: Daß Frieden werde. Kleine Lieder zu großen Themen. Don Bosco Verlag, München 1984), Fazit: Alten Sinn der Feste wieder entdecken;
- Lied(text) *Feste feiern* (in: Der große Miteinandertag. Lieder zum Mitsingen und Mitmachen. Bund Verlag, Köln 1994), Fazit: Auch grundlos feiern können (bei näherem Hinsehen aber: neue Gründe schaffen).

⇨ *Stillarbeit* (Frage 1) und/oder *Unterrichtsgespräch* (Frage 2 und 3) nach **M 12a**, je nach Vorwissen über Fest- und Feiertage in Juden- und Christentum Exkurse, Wiederholungen, Lehrerinformationen ... Wichtigster Aspekt (am Sabbat besonders gut herauszuarbeiten): Feiertage befreien *von* und *für* etwas/jemand.

⇨ **M 13** austeilen, Liedtext *Am Sonntag fängt die Woche an* lesen, spontane Reaktionen abwarten, Lückentext ausfüllen, kurzes Gespräch mit Ergebnisvergleich, gemeinsames Singen des Liedes. (Der Sonntag als erster Tag der Woche ist die im Kalender festgehaltene Erinnerung an die jedem menschlichen Tun „vorlaufende Gnade Gottes".)

⇨ Ergänzendes Material:
- *Rollenspiel* nach **M 12b** und/oder
- *Rollenspiel* nach **M 9** der Einheit „Paulus" in dieser Sammlung.

H. Müßiggänger und Arbeitstiere

⇨ Bearbeitung von **M 14** *Umstellungen* als Arbeitsblatt (in Einzel- oder Partnerarbeit), alternativ: Auflegen der Anagramme als Folienkopie auf den OHP:
- Spontane Reaktionen;
- Abschrift der Wortumstellungen in großen Einzelbuchstaben und Nachprüfen im Heft: Werden alle Buchstaben im neuen Wort berücksichtigt? (evtl. Scrabble-Spielsteine o.ä. benutzen);
- Lehrerinformation (vgl. **M 14**);
- Gespräch nach den Leitfragen (vgl. **M 14**);
- Bildung eigener Anagramme zu „Freizeit" und evtl. Reimgestaltung (s.u.).

Mögliche Lösungen:
zu 1.:
Ist Arbeit der „Trieb A" – der wichtigste Trieb des Menschen ...? Wie „reizvoll" im doppelten Wortsinn ist unsere Freizeit (im Verhältnis zur Arbeit) und wieviel Reize braucht sie im Zeitalter der Reizüberflutung, um reizend zu sein – und wieviel, um uns zu reizen (wozu?)?

zu 2.:
„Umstellung" ist erst einmal nur eine Vorwegnahme des formalen Prinzips, nach dem das Wortspiel gestaltet ist, quasi eine Übersetzung von „Anagramm"; dann aber auch eine inhaltliche Überschrift: Der tägliche Wechsel von der uns triebhaft beherrschenden Arbeit zur sinnvollen Gestaltung der Freizeit (zwischen zu viel und zu wenig Reizen) ist für manche eine schwierige „Umstellung".

zu 3.:

FREIZEIT
REIFZEIT
FEIERZIT
REIZEFIT
ZEITRIEF
REIZTIEF

Ergebnisbündelung:
- Darf Arbeit so dominant (Trieb A) sein? Rückblick auf **M 1**: Wer nichts als das „schafft" zu seiner Lebensmitte macht, ist bald selbst „geschafft".
- Wie läßt sich Freizeit zwischen den Extremen „Reiztief" und „Reizüberflutung" gestalten?

⇨ Sensibilisierung für die verschiedenen, der Thematik innewohnenden begrifflich faßbaren Gegensatzpaare, zunehmende Auslotung der Spannung, Notwendigkeit der Berücksichtigung beider Aspekte durch die eine oder andere *tabellarische Gegenüberstellung und Polarisierung* (nach **M 15**).

⇨ Bearbeitung des Arbeitsblattes *Die ersten Christen: Arbeitstiere oder Müßiggänger?* (**M 16**) in Partnerarbeit oder Kleingruppen.
Ergebnisvorstellung, evtl. Gespräch.
Fazit: Arbeit und Muße bedingen einander, nichts darf für sich allein extrem gesetzt werden. (Vgl. Kohelet 3,1–8: „Alles Tun unter dem Himmel hat seine Zeit …") Stundenabschluß durch Hören des korrespondierenden Liedes *Alles was lebt hat seine Zeit* von der CD „Gib nicht dem wilden Tier die Seele deiner Turteltaube" (zum gleichnamigen Liederbuch nach alttestamentlicher Poesie und Lautensätzen alter Meister und Folklore, Strube Verlag, München 1995).

⇨ *Selbstverwirklichung* und *Was den Mensch zum Menschen macht*:
- Ausfüllen der Lücken auf **M 17**;
- und/oder: (vorbereitende) Gruppenarbeit nach **M 18** (und anschließendes Gespräch im Plenum).

⇨ Einzeichnen der Verbindungslinie auf Arbeitsblatt **M 19** *Arbeit – Muße*: Sollte nicht eigentlich bei Arbeit und Muße jede Verbindung möglich sein? Abschließende Reflexion von Zielvorstellungen, Hindernissen, Lösungsmöglichkeiten.

I. Wir planen eine gemeinsame Freizeitaktion

⇨ Es gibt viele Möglichkeiten: Zusammen oder in verschiedenen Gruppen nach unterschiedlichen Neigungen, evtl. auch Jungen und Mädchen getrennt, Ausflug mit Picknick usw., Klassenfete, Klassenfahrt … Wer übernimmt welche Aufgaben in der Vorbereitung? Was kann oder muß man planen, was nicht?

5. Das Thema in Schulbüchern und Unterrichtsmaterialien

- Bätz, Kurt/Schmidt, Heinz: 33 Unterrichtseinheiten für den Religionsunterricht im 9./10. Schuljahr. 1. Halbband. Calwer, Stuttgart 1980, „Arbeiten und Leben", S. 141–156.
- Besser-Scholz, Birgit (Hg.): LebensZeichen 9/10. Vandenhoeck & Ruprecht, Göttingen 1992, „Arbeit – unzuverlässige Mitarbeiter?", S. 114–129.
- Hanisch, Helmut u.a.: Kursbuch Religion, Neuausgabe 9/10. Calwer/Diesterweg, Stuttgart/Frankfurt a.M. 1993, S. 34–45.
- Kwiran, Manfred/Röller, Dirk: Glauben und Leben. RS 7./8. Schuljahr. Schroedel, Hannover 1989, „Feste unseres Lebens – Wann ist Sonntag? – Sind Gottesdienste Feste?", S. 136–150.
- Müller, Franz Nikolaus/Zisler, Kurt: An das Leben glauben – aus dem Glauben leben. Otto Müller Verlag, Salzburg 1990, S. 309 f.
- Najork, Christiane/Stallmann, Edith: Neue Jugendsituation – Neue Jugendarbeitslosgikeit (U-Einheit), in: Pschichholz, Wolfgang (Hg.). Religionsunterricht konkret. Theorie und Praxis. 7.–10. Schuljahr. Band 2. Amt für Religionspädagogik, Braunschweig 1992.
- Wolf, Jürgen: Vom Sinn der Arbeit. Werte und Normen, Ethik/Religion. Entwürfe, Konzepte, Modelle. Vandenhoeck & Ruprecht, Göttingen 1989.

6. Materialien und Medien

Filme

- Die Loosers, Michael Karen, BRD 1986, 11 Min., f., Kurzspielfilm.
- Exit, Stig Bergqvist/Martti Ekstrand, Schweden 1990, 21 Min., f., Zeichentrickfilm.
- Kopfball (Serie), Bundeszentrale für gesundheitliche Aufklärung, BRD 1979–82, 10–30 Min., f., Kurzspielfilme. Daraus: Kopfball – Wir wechseln uns einfach ab.
- Von der Zeit ohne Arbeit, Anton Triyandafilidis, BRD 1983 (FWU), 21 Min., f., Dokumentarfilm.

Video

- Immer unter Dampf, Robert Büller/BzgA, BRD 1988, 63 Min., f., Spielfilm.
- Vier wie ihr – Was Jugendliche bewegt, Annette Hoppe/Manuel Rennert, Deutschland 1994, 25 Min., f., Dokumentarfilm.
- Schichtwechsel, Bernhard Landen, Deutschland 1993/94, 18 Min., f., Kurzspielfilm, FSK: 12.

Lebenslauf

M 1

a
a

ha
ha
ha

schafft
schafft
schafft

fft
fft
ft

t

S. Macht

Fünf Strophen repräsentieren fünf Phasen des Lebens. Das *Säuglingsalter*, der Anfang, das lallende Bilden erster Laute und der Ärger (der Eltern) mit der noch unbeherrschten Darmentleerung schwingen mit im „a a". Auf das Gelächter der goldenen (?) *Kindheit und Jugend* folgt der *„Ernst des Lebens"* und zeigt den zentralen Begriff, aus dessen Buchstabenmaterial auch die anderen Strophen geschaffen sind, auf den hin und von dem her alles bewertet wird. Mit dem *Alter* geht die Luft aus; am Ende steht der *Tod*, ein Kreuz auf dem Grabstein. Muß, soll, darf ein Leben so „laufen"?

Aus: Siegfried Macht, Dein Name ist Dubistbeimir, Kirchl. Verwaltungsstelle Loccum, Münchehäger Str. 12, 31547 Rehburg-Loccum, Rechte beim Autor.

M 2

Müh und Arbeit war sein Leben,
Ruhe hat er nie gekannt.

1. Wo könnte man diesen Spruch lesen?
2. Was soll er über den Betreffenden aussagen?
3. Wie beurteilst du ein solches Leben?
4. Sind „Mühe" und „Arbeit" dasselbe?
5. War der Mensch wohl zufrieden? Können wir das wissen? Was möchtest du gerne an Zusatzinformationen haben, um die Frage beantworten zu können?
6. Stelle dir einen völlig gegenteiligen Lebenslauf vor:
   a) Wie müßte da der obige Zweizeiler lauten?
   b) Wie stünde es da mit der Zufriedenheit des Menschen bzw. deiner Einschätzung eines solchen Lebens?

M 3

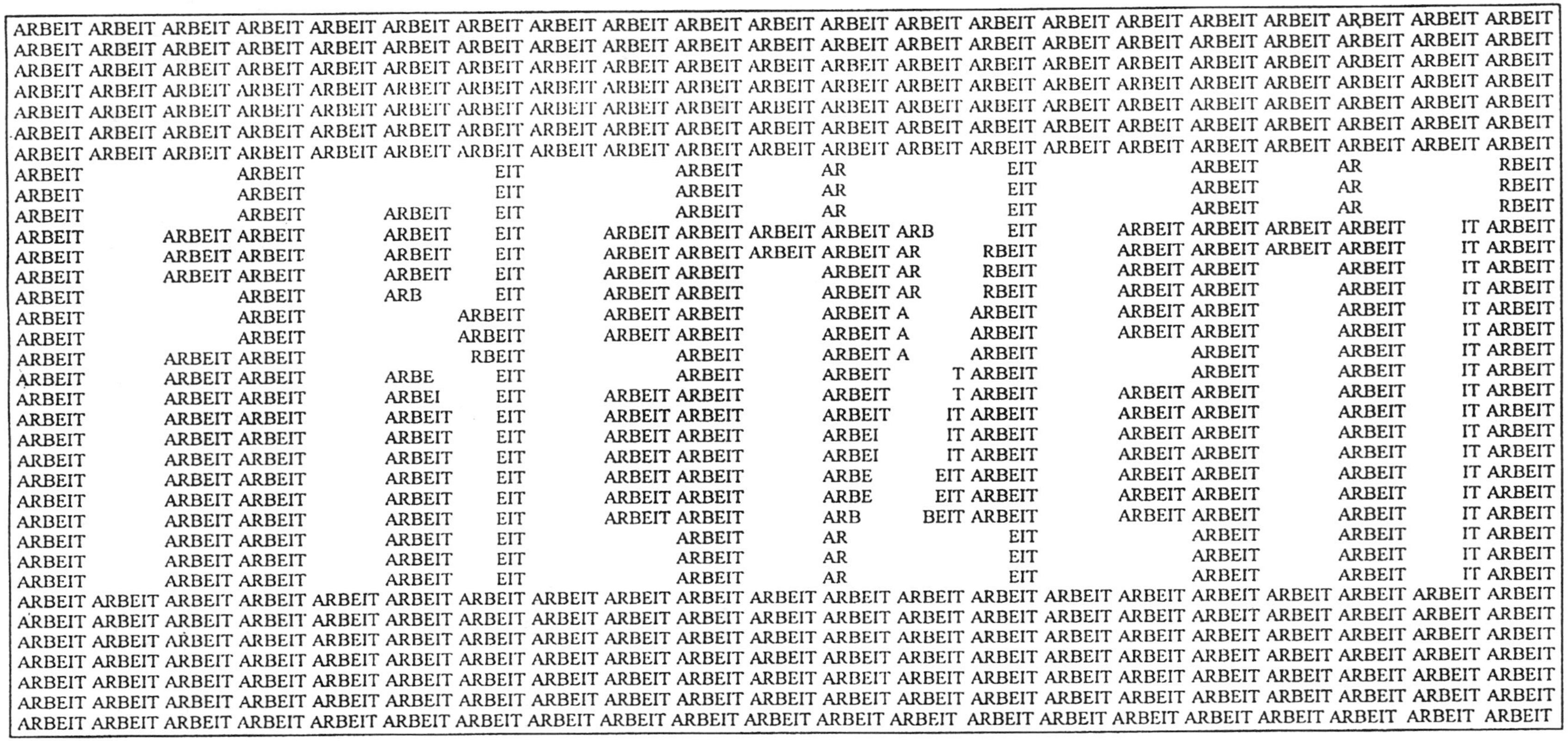

© *Siegfried Macht*

1. Das Wortbild enthält eine Definition, wie lautet sie?
2. Kannst du weitere Aussagen entnehmen? Versuche, auch eine zu formulieren, in der das Gegensatzpaar „leer“ und „gefüllt“ auftaucht. Gibt sie deine Meinung wieder?
3. Nimm Buntstifte und fülle „deine Freizeit aus“: Welche Worte passen hinein?

M 4a

Wie erleben Jugendliche ihre Freizeit?

Eine 1994 veröffentlichte Studie des Hamburger B.A.T. Freizeitforschungsinstituts kommt bezüglich des Freizeitverhaltens deutscher Jugendlicher zu folgenden Ergebnissen:

a) Viele Jugendliche fühlen sich auch in der Freizeit „voll gestreßt".
b) Sie stellen so hohe Ansprüche an sich und alles, was in dieser Zeit geschehen soll, daß sie zu „Opfern ihrer eigenen Erlebnis-Ansprüche" werden.
c) Jede(r) zweite gerät in Wut, wenn er/sie in der Freizeit gestört wird.
d) Jede(r) vierte reagiert mit „Wut im Bauch", wenn er/sie irgendwo Schlange stehen muß.
e) Ein Drittel hat „null Bock" auf Familientreffen und Verwandtenbesuche.
f) Obwohl sie mehr Freizeit haben als Generationen vor ihnen, dominiert das Gefühl, „die Zeit laufe davon".
g) Für viele gerät die freie Zeit zum „Ego-Trip".
h) Immer mehr Jugendliche verstehen unter Freizeit „Alles ist erlaubt" und haben Schwierigkeiten, sich selbst Grenzen zu setzen.
i) Dauerndes Fernsehen ruft bei 16% Aggressivität hervor.

1. Diskutiert die Ergebnisse in Gruppen.
2. Bereitet ein Rollenspiel vor. Die Ministerin für Familie, Jugend und Erziehung lädt Experten und Betroffene zu einem Gespräch:
   – Überlegt, wer alles kommt, verteilt die Rollen.
   – Welches Ziel haben die Gesprächspartner?

M 4b

Müssen wir heute wieder tun, was wir wollen?

1. Welches Problem steckt hinter dieser Frage?
2. Ging es dir auch schon mal so? Wann?
3. Immer mehr Reisegesellschaften stellen „Animateure" an: Welche Funktion haben sie?

M 5

Der Mann / die Frau von heute ...

... hat 2 Frauen / Männer
... besitzt 3 Autos
... beherrscht 4 Sportarten
... nennt 5 Perücken ihr/sein eigen
... geht pro Woche auf 7 Partys
... empfängt 40 Programme

1. Ergänze und streiche, bis (d)ein (?) *Supertyp* beschrieben ist.
2. Was stellst du dir unter *quantitativer*, was unter *qualitativer* Erlebnissteigerung vor?

M 6

Wachsendes Geschäft mit der Freizeit

1. Solche Titel kann man immer wieder in den großen Tageszeitungen lesen. Stellt euch vor, ihr wärt die Werbe- und Management-Beratungsgesellschaft „Zock & Klotz“: Stellt ein Gutachten für die Freizeitartikel und -dienstleistungs GmbH „Nixwiehin“ her:
   Was ratet ihr der Firma, welche Produkte und Dienste soll sie vermehrt anbieten, wie die Werbung raffinierter gestalten, welche Kundengruppen wie gezielter ansprechen?
2. Fast die Hälfte aller Deutschen wird künftig zwar mehr Freizeit, aber gleichbleibende oder sogar abnehmende Realeinkommen haben. Psychologen und Soziologen schlagen deshalb Alarm – kannst du dir denken warum? Gibt es praktikable Lösungen?

Kein	Geld	fürs	
Keine	Zeit	fürs	Freizeitparadies
Keine	Lust	aufs	
Nichts	wissen	vom	

3. Streiche die entsprechenden Worte durch, bis nur noch die deiner Meinung nach unglücklichste Zeile oder Kombination stehengeblieben ist. Begründe deine Entscheidung.

M 7

Sätze zur Auseinandersetzung

1. Arbeit ist Gottesdienst und Wirtschaft Nächstenliebe.

Stellt euch vor, dieser Satz stünde über einer Kirchentür: Wie will er verstanden sein? Wie ist die Realität?

2. Die unsichtbare Hand des Marktes läßt alles gut geraten.

(frei nach Adam Smith, engl. Moralphilosoph, 1723–1790)

a) Wie ist das gemeint?
b) Der Satz klingt fast religiös. Wessen Stelle nimmt in diesem Zusammenhang das Regelsystem der Marktwirtschaft ein?
c) Stimmt die Aussage?

M 8

Arbeit als _______

... Füllet die Erde und machet sie euch untertan und herrschet über Fische im Meer und über die Vögel und alles Getier, das auf Erden kriecht. (Gen 1,28)

... Und Gott der Herr nahm den Menschen und setzte ihn in den Garten, daß er ihn bebaute und bewahrte. (Gen. 2,15)

Arbeit als _________

... verflucht sei der Acker um deinetwillen! Mit Mühsal sollst du dich von ihm nähren dein Leben lang.
Dornen und Disteln soll er dir tragen, und du sollst das Kraut auf dem Felde essen.
Im Schweiße deines Angesichts sollst du dein Brot essen ...
(Gen 3,17-19)

Aus: Lutherbibel, rev. Text 1984, mit Genehmigung der Deutschen Bibelgesellschaft, Stuttgart.

Am Anfang der Bibel wird recht unterschiedlich über die Arbeit gesprochen.

1. Ergänze entsprechend die beiden Spaltenüberschriften.

2. a) Wie kann es zu der unterschiedlichen Einschätzung von Arbeit gekommen sein?
   b) Was ist vielleicht zwischen der linken und rechten Spalte geschehen?

3. Lies nach, wie die Bibel die Wandlung erklärt.

4. Vervollständige beide Spalten mit zugehörigen Begriffen, Redensarten, Bildern bzw. mache die Tabelle zum Ausgangspunkt einer Collage.

5. Es soll beim Collagieren aber primär um das Thema „Arbeit“ gehen, nicht um „Umweltschutz“ bzw. Zerstörung der Umwelt, obwohl das zusammenhängt ...
   Kannst du den Zusammenhang kurz erläutern?

6. Bedenke vor dem obigen Hintergrund auch folgende bittere Begebenheit:
   Als Kolumbus 1492 Amerika entdeckte, begegnete er (auf den Großen Antillen) Eingeborenen, denen im tropischen Klima alles dermaßen zufiel, daß ihnen Lebensunterhalt und Feier eins schien, so daß sie für „Arbeit“ kein eigenes Wort hatten. Später erst, als die Spanier sie zur harten und ungewohnten Arbeit für fremde Herren in die Plantagen zwangen, erfanden die Eingeborenen auch für das Arbeiten einen Begriff: Sie nannten es „faststerben“ ...

7. Mit den Spaniern kam auch das Christentum nach Amerika. Einige Priester nahmen ihren biblischen Auftrag sehr ernst und errichteten vorbildliche kleine Staaten. Später setzten die weltlichen Herren ihren Ausbeutungsdrang gegen jedes andere Interesse durch, vertrieben und töteten manchen Geistlichen oder ersetzten ihn durch gefügigere. (Kennst du aktuelle Parallelen?) Lies Mt 6,25-34. Wer sagt das wem? Wo hat das in der obigen Erzählung seinen Platz? Was werden die Kolonialherren den Eingeborenen aus der Bibel erzählen lassen, was nicht?

M 9

der mensch
sich um die arbeit drehend
wird zur maschine

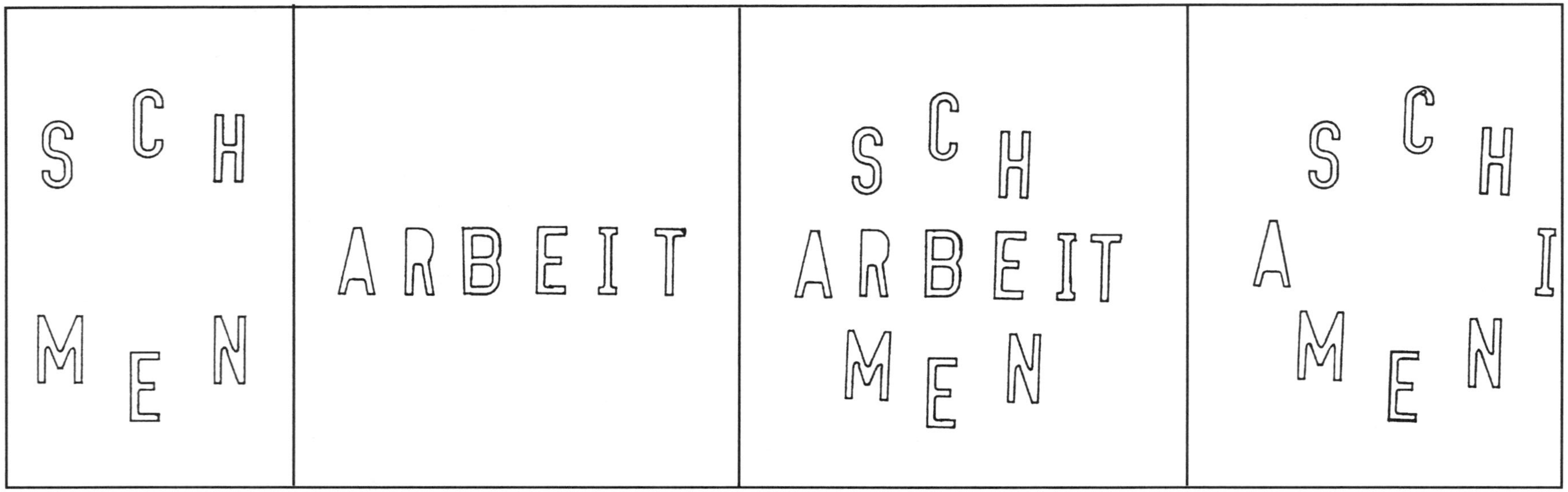

Stelle dir vor, dieses seltsame Textbild hinge in einem Museum für moderne Wortkunst und du wärst die Fachkraft für Führungen … Erkläre der nächsten Besuchergruppe die Bedeutung des Werkes.

Erarbeitet die Deutung in mindestens zwei Gruppen. Anschließend hält aus jeder Gruppe einer der anderen Gruppe einen Einführungsvortrag. Natürlich stellen die Unwissenden viele Fragen …

(Der zweite Vortragende wartet vor der Tür!)

M 10

Aus: Dieter Klama, Der Computer neben dir, Carl Hanser-Verlag, München und Wien 1979.

1. Gib der Karikatur einen Titel.
2. Wer ist der Schattenmann?
3. Was könnte auf dem Zettel stehen, den er überreicht?
4. Vergleiche die Karikatur mit dem nebenstehenden Text!

Rationalisierung

Heute morgen erwartete mich meine Schreibmaschine mit Ungeduld. Das Arbeitszimmer war sich über Nacht einig geworden.
Ich spannte den Bogen aus und las.
Schweigend unterzeichnete ich und verschwand im Umschlag.

S. Macht

M 11

Die Gabe des Festes

Ein Rentierjäger, der allein mit seinen Eltern im Gebirge wohnte, hatte sich eines Tages verlaufen. Nach langem Umherirren fand er einen scheinbar verlassenen Adlerhorst. Wie er sich aber gerade über das Nest beugte und drei piepsende junge Adler erspähte, kehrten die Alten mit wütendem Geschrei zurück und begannen, auf ihn einzuhacken.

„Kinderdieb!" schrie die Adlermutter.

„Nesträuber!" rief der Adlervater.

„Aber ich wollte doch nur ...", begann der Rentierjäger.

„Kinderdieb!" schrie jedoch unentwegt die aufgebrachte Adlermutter und: „Sterben mußt du!"

„Nesträuber!" rief der Adlervater, „vom Felsen sollst du stürzen!"

„Ich habe mich verlaufen", brachte da der Jäger hervor, „nur verlaufen! Und wenn man stundenlang und ganz allein durch die Wildnis geirrt ist, freut man sich über jedes Lebenszeichen, auch wenn es nur ... wenn es nur ...", und er schluckte.

„Auch wenn es nur ein Tier ist", ergänzte die Adlermutter, nun aber schon etwas sanfter gestimmt.

„Ihr Menschen seid immer allein", sagte der Adlervater, „denn ihr habt die Gabe des Festes noch nicht empfangen. Wir werden dich lehren zu feiern. Wenn du alles gelernt hast und uns auch einlädst, wollen wir dich ziehen lassen und dein Eindringen vergessen."

Und der junge Mann lernte alles, was nötig ist, um ein Fest zu feiern: Lieder zu erfinden und vorzutragen, die Flöte zu spielen und die Trommel zu schlagen, vor Freude zu tanzen und eine Festhütte zu bauen.

„Nun geh, trage viel Speise zusammen und lade die anderen Menschen ein", sagte die Adlermutter zum Abschied.

„Aber es gibt doch gar keine anderen Menschen hier", erwiderte der Jäger.

Doch die Alte meinte nur: „Sie werden schon kommen, wenn es ein Fest gibt und jeder willkommen ist. Dafür will ich schon sorgen. Geh du jetzt und bereite alles vor."

Dann flog ihn der alte Adler zurück. Und tatsächlich, zur festgesetzten Zeit, als alles vorbereitet war, trafen auch die Gäste ein. Paarweise kamen sie, in Fuchs, Wolf- und Vielfraßfelle gehüllt. Und sie erzählten lustige Geschichten, sangen und heulten schaurige Balladen und fraßen die Tische leer, daß es nur so eine Freude war – kurzum, es wurde ein großartiges Fest.

Erst als sie sich spät nach Mitternacht verabschiedeten, merkten der Jäger und seine Eltern, daß ihre Gäste Tiere waren ...

„So gewaltig ist die Macht des Festes, daß Tiere zu Menschen werden und wir Alten wieder jung", raunte die Adlermutter, tauschte einen vielsagenden Blick mit den Eltern des Jägers und flog davon.

Aus: Siegfried Macht, jeder schweigt anders. Geschichten von Liebe und Leid, Reichtum und Armut, Freude und Angst, Himmel und Erde, Don Bosco Verlag, München 1995² .

1. Was braucht man für ein Fest? Was davon ist das Wichtigste?
2. Was bewirkt ein gelungenes Fest?
3. Was denkst du zu beiden Fragen über das Märchen hinaus?

M 12a

Freizeit

1 a) Freiheit heißt für mich: frei für

____

____

____

1 b) Freizeit heißt für mich: frei von

____

____

____

2. Erinnere dich: Weißt du, wovon und wofür der Sabbat die Juden befreit hat?
3. Welchen christlichen Fest- und Feiertag kennst du? Was daran erlebst du als „sinn-voll“? Womit kannst du weniger anfangen?

M 12b

Mehr Freizeit = die große Freiheit

Das liest sich wie eine mathematische Gleichung. Stimmt sie? Darüber sollt ihr in einer Talkshow diskutieren! Teilt die Rollen ein:

- Fernsehmoderator
- Schüler(in), ein halbes Jahr vor Schulschluß
- Auszubildende(r), kurz vor einer schwierigen Zwischenprüfung
- Rentner(in)
- seit 2 Jahren arbeitsloser Kfz-Mechaniker (verheiratet, 4 Kinder)
- Sozialpädagoge in einem Freizeitheim, in dem viel randaliert wird
- Geschäftsleiter(in) einer großen Firma mit sinkenden Auftragseingängen
- Leiter(in) der Telefonseelsorge einer Großstadt.

Wenn euch noch eine wichtige Rolle fehlt, ergänzt sie! Erarbeitet zu jeder Rolle in Partner- oder Kleingruppenarbeit einige Gesprächsnotizen, bevor es heißt: Wir sind auf Sendung!

M 13

Am Sonntag fängt die Woche an

Text und Musik:
Siegfried Macht

Erst die Arbeit, dann's Vergnügen!?

Nach christlich-jüdischem Verständnis beginnt die Woche mit dem Sonntag und endet mit dem Sonnabend (Sabbat).
Die Juden legen Wert darauf, daß der Sabbat der siebte Tag der Woche ist, denn

____

Die Christen betonen, daß der Sonntag der erste Tag der Woche ist, denn

____

Beides ist im alltäglichen Zeitgefühl verloren gegangen. Für viele von uns beginnt die Woche mit dem ________. Das liegt sicher daran, daß____

____

____

Umstellungen

M 14

1

ARBEIT:

TRIEB A

2

FREIZEIT:

REIZTIEF

S. Macht

Die obenstehenden Wortspiele nennt man Anagramme: Die Buchstaben eines Wortes ergeben, miteinander vertauscht, ein neues Wort. Im Mittelalter tauchten solche Wortspiele vor allem in Zauber- und Beschwörungsformeln auf – man traute ihnen magische Kräfte zu und schloß von der Verwandtschaft der Worte auf eine geheimnisvolle Verwandtschaft auch der mit den Worten benannten Inhalte.

1. Woran denkst du bei den obigen Beispielen? Welche Deutungen sind möglich?
2. Für das Gegenteil von „Reiztief" gibt es ein „Schlagwort" – kennst du es? Was ist damit gemeint?
3. Inwiefern ist die Überschrift zweideutig?
4. Findest du noch andere Worte, die man aus den Buchstaben des Wortes „Freizeit" bilden kann – lassen sie sich mit dem Thema in Beziehung setzen (und vielleicht zu einem Gedicht zusammenfügen)?

M 15

1. Ergänzt die folgende Gegenüberstellung:

Arbeitstier	Faulpelz
workoholic	Müßiggänger
?	?
____________	____________
____________	____________

2. Ein altes Sprichwort lautet: Müßiggang ist aller Laster Anfang.
   a) Gib es mit deinen Worten wieder.
   b) Wer sagt so etwas zu wem? Warum?
   c) Schau noch einmal auf deine „Übersetzung": Suche vier Worte, die etwas ähnliches meinen wie „Müßiggang". Ordne sie in einer Art Tabelle zwischen den Extremen Plus und Minus ein – welche stehen rechts, welche links, welche in der Mitte? Mach dir Stichworte zur Begründung für die Ergebnisvorstellung.
3. a) Ordne die folgenden Worte an passender Stelle auf der Skala zwischen „Arbeit" und „Freizeit" ein:
   Lärm, Paradies, Freunde, Ewigkeit, Reisen, Gott, langweilig, Schlaraffenland, Gestank, Ruhe, sinnvoll, Himmel, Musik, Bibel, notwendig, Liebe, Leistung, Gottesdienst, reich, Jesus, Träume, ich ...
   b) Vielleicht findest du auch noch eigene Assoziationen, die zu dem einen oder anderen Begriff passen?
   Arbeit *** ** * ** *** *Freizeit*

M 16

Die ersten Christen: Arbeitstiere oder Müßiggänger?

Der Glaube an den auferstandenen Christus riß die Menschen aus vielem heraus. Da hatten es die Apostel und Gemeindevorsteher nicht leicht, im Wirrwar der vielen Fragen („Was sollen wir wie andere tun, worin unterscheiden wir uns?") zwischen manchen Extremisten zu vermitteln.

1. Wem und warum erzählten sie wohl Geschichten wie die vom Besuch Jesu bei Martha und Maria? (Lk 10,38-42)
2. Wer wurde von ihnen evtl. an Jesu Gleichnis vom reichen Kornbauern erinnert? (Lk 12,16-21)
3. Was war in einer Gemeinde passiert, der man schreiben mußte, daß ...
   Lest es selbst nach im 2. Brief des Paulus an die Thessalonicher, 3. Kapitel, Vers 7-12.
4. Kleine Quizfrage am Rande: Hatte Jesus eigentlich außer seiner „Berufung" auch einen „Beruf" (den er etliche Jahre völlig unauffällig ausgeübt hat)?

M 17

Was den Mensch zum Menschen macht

Über den folgenden Satz und das passende Verb wurde viel philosophiert. Welches würdest du einsetzen?

a) Ich denke, also bin ich.
b) Ich esse, also bin ich.
c) Ich arbeite, also bin ich.
d) Ich wurde geboren, also bin ich.
e) Ich hoffe, davon lebe ich.
f) ________, dadurch ________
g) ________________________

M 18

Ich will mich selbst verwirklichen

1. „Selbstverwirklichung" ist ein Modewort. Was bedeutet das überhaupt?
2. Diskutiert den Satz „Ich will mich selbst verwirklichen" im Spannungsfeld folgender Gegensatzpaare:
   a) Arbeit – Freizeit
   b) egoistisch – sozial sein.
3. Die Möglichkeit zur Selbstverwirklichung gehört zur „seelischen Gesundheit" des Menschen. Aber sie kann auch zwanghaft alles andere überdecken. Wie erklärst du dir in diesem Zusammenhang die folgenden Worte eines Seelsorgers: „Gott hat dich schon verwirklicht. Du mußt es nur sehen lernen!"

M 19

Arbeit

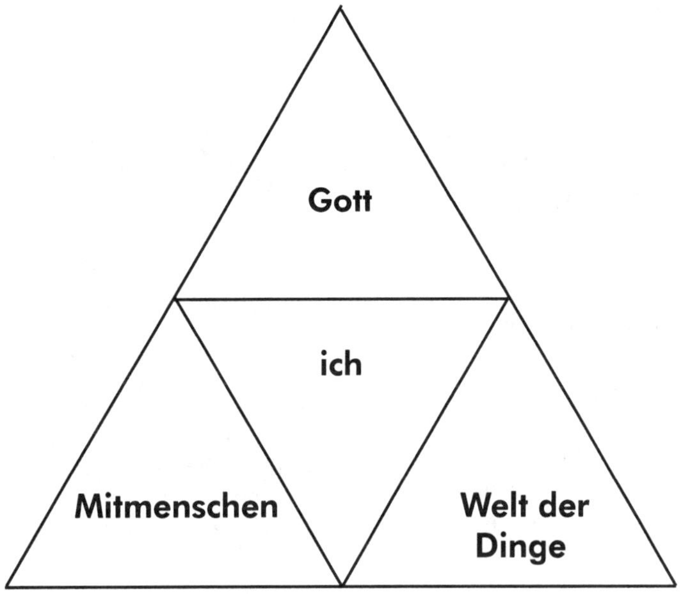

Muße

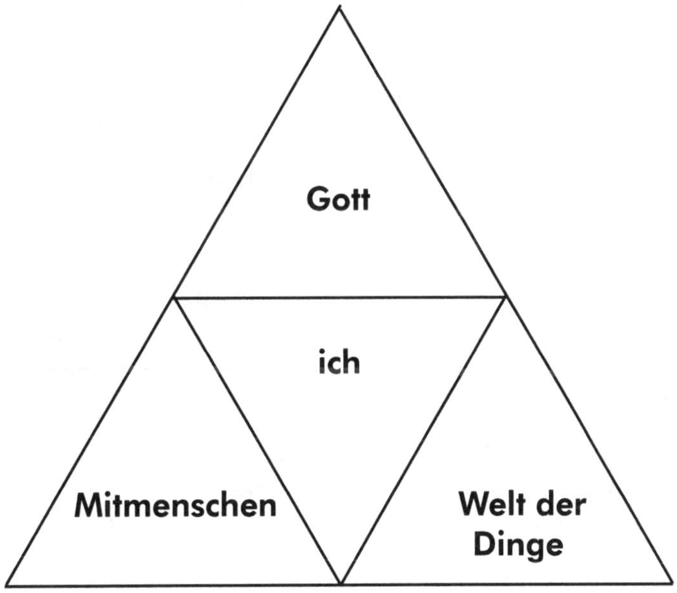

1. Zeichne verschieden dicke Verbindungslinien ein, je nachdem wie ausgeprägt die jeweilige Verbindung zur Zeit der Arbeit oder Muße deiner Meinung nach ist (zwischen dem „ich" und den drei anderen).
2. Was würde sich an der zweiten Zeichnung ändern, wenn dort statt „Muße" stünde: Freizeit? Sonntag?